Wiener G'schichten

OTTO SCHMIDT

Wiener G'schichten

KURIOSES
DENKWÜRDIGES
SKURRILES
ABENTEUERLICHES
SELTSAMES

Pichler Verlag

ISBN 3-85431-336-5

Pichler Verlag im Internet: www.styriapichler.at

Umschlag- und Buchgestaltung:
Bruno Wegscheider
Produktion: Helmut Lenhart

Umschlagfotos und Foto Seite 6: Toni Anzenberger
Foto Seite 119: Pierre Ira
Alle übrigen Fotos: Otto Schmidt

Druck und Bindung:
Druckerei Theiss GmbH, A-9431 St. Stefan im Lavanttal
Printed in Austria

Inhalt

Vorwort 7
Helmut · *Der Schelm aus Favoriten* 9
Georg *und das Pech beim Parken* 18
Rudolf *und die Königin der Fälscher* 21
Günter · *Das U-Boot* 26
Der Joe *oder Ein Burgenländer geht seinen Weg* 28
Der Willi *und Oskar Werner* 33
Frech wie Oskar 36
Der Herr Karl · *Nichts arbeiten ist meine Arbeit* 41
Helmut · *Von fernen Ländern* 45
Brigitte · *Die persische Hochzeit* 49
Freddy · *Der Pilot des Königs* 55
Tansania-Erwin 61
Wieny, *der früher Melo war und ein märchenhaftes Leben führen wollte* 66
Herbert · *Ein bisserl aussteigen wird man doch dürfen* 73
Helmut · *Der Läufer* 80
Maria · *Der wiederauferstandene Jesus* 82
Nackt *im Böhmischen Prater* 84
Karli · *Der Zocker* 87
Georg · *Der Champion* 89
Alfi · *Der Feinschmecker* 91
Rudi · *Der Herrgottschnitzer* 94
Helga · *Ein Leben für den Fußball* 96
Susanne *und die Touristen* 99
Christian *und die Schwerpartie* 101
Helmut *und die Polizei* 103
Franz *und der Elefant* 105
Fritz *the Cat* 107
Jeannette · *Kunstpfeiferin* 109
Walter *und sein Spezialfrühstück* 111
Hans *im Glück* 113
Frankie *und die unbekannte Schöne* 116
Pierre · *Der Beau* 118
Thailand-Joe 121
Withold · *Jö, schau ...* 126
Christl *und der Gurkendieb* 129
Hans · *Der Cowboy von Simmering* 131
Alexander *und die Taxifahrt nach Schweden* 133
Ein nie gesendetes Interview 138

Vorwort

Ich war sieben Jahre alt, und vielleicht wäre alles anders geworden, wenn mir meine Mutter damals nicht folgende Geschichte erzählt hätte:

Es war einmal ein König und eine Königin. Der König war sehr streng, regierte rücksichtslos und war nur auf seinen Vorteil bedacht. Er achtete nie auf die Gefühle und Wünsche seiner Untertanen. Wenn er sich von einer Unternehmung mehr Macht und mehr Reichtum versprach, so tat er es. Kriege entstanden, Hass und Intrigen. Um sich seine Macht und seine Reichtümer zu sichern, bezahlte der König einige starke Männer. Diese mussten seine Reichtümer verwalten und vermehren, ihm Vorschläge machen, wie er noch mehr Macht erringen könne. Irgendwann wurde dieser König so zum mächtigsten und reichsten König der Welt. Er war aber nicht glücklich damit. Stets musste er sich vor einem Attentat fürchten, vor Dieben und falschen Beratern, die ihm nur nach dem Mund redeten. Lediglich seiner Königin konnte er restlos vertrauen. Bei ihr fand er Liebe und Geborgenheit. Allerdings viel zu selten, denn die Staatsgeschäfte nahmen die Zeit des Königs zu sehr in Anspruch. So war er nicht nur der reichste und mächtigste König, sondern zuweilen auch der unglücklichste König der Welt.

Ganz anders war die Königin. Sie kümmerte sich um die Probleme und Sorgen der Untertanen. Bei ihren Reisen durch das Reich beobachtete sie die Untertanen, sprach mit ihnen über deren Sorgen und Nöte. Wenn es ihr möglich war, half sie durch Befehle, denn als Frau des Königs hatte sie großen Einfluss. Sie unterstützte die Armen mit Geldgeschenken und wurde so sehr beliebt. Wichtig war ihr aber vor allem der Kontakt zu den Menschen. Egal, ob sie reich oder arm, fleißig oder faul, gut oder böse waren. Die Königin wollte über das Leben lernen, das konnte sie aber nur, indem sie mit jedem sprach und jeden zu verstehen versuchte. Und so kam es, dass die Königin zur weisesten Königin der Welt wurde. Nebenbei bemerkt war sie auch die schönste Königin der Welt und hatte ob ihres Aussehens und ihrer guten Taten nur Bewunderer.

Der König, so belehrte mich meine Mutter, ist in dir. Auch die Königin. Der König ist dein Gehirn, die Königin dein Herz. Ohne König hätte die Königin nicht so viel Gutes bewirken können – aber letzten Endes lag es an ihr, Taten zu setzen. Selbst wenn sie nicht Königin gewesen wäre, nicht reich und ohne Einfluss, wäre sie doch weise geworden, allein durch das Beobachten ihrer Mitmenschen, durch das Gespräch mit jedem und den ständigen Versuch, das Leben zu lernen.
Ich habe mich damals für die Königin entschieden und wollte ihr nacheifern. In meinem Berufsleben habe ich mit Bettlern gesprochen und mit Hollywoodstars, mit „einfachen Leuten" und Präsidenten. Jeder hat seine eigene Sprache, und diese habe ich stets zu lernen versucht. So habe ich Einblick in verschiedene Welten bekommen, und alles zusammen hat das Entstehen dieses Buches möglich gemacht. Deswegen möchte ich es der Königin meines Herzens widmen.

Für Alexandra, Anja, James, Lara und meine Mutter.

Otto Schmidt

Helmut

DER SCHELM AUS FAVORITEN

Ein Verkaufsraum in der Größe eines Wohnzimmers, vollgestopft mit Tapeten, Teppich- und Stoffmustern. Dann ein Durchgang zur Werkstatt. Betritt man diese, findet man zur rechten Hand eine Nähmaschine. Das ist das Reich von Helmut. Tapezierermeister in der Favoritener Quellenstraße, unweit des Quellenplatzes. Der Sessel an der Nähmaschine ist Helmuts Hauptquartier. Von dort steuert er seine drei Gesellen, kontrolliert ihre Arbeiten und macht alle Nähte selber – weil er der beste Näher in der Firma ist. Helmut führt ein zufriedenes Leben. Glücklich verheiratet, zwei tüchtige Söhne, eine Tochter.

Dass er zu den Besten seiner Zunft gehöre, erzählt er gerne weiter. Was Sache ist, müsse Sache bleiben – und er sei eben eine der ersten Adressen. Auch für Kollegen, die komplizierte Polsterarbeiten bei ihm ausführen lassen oder seinen Rat einholen. Alles Umstände, die Helmuts Lebenslust beflügeln, seine Zufriedenheit fördern. So weit der Alltag.

Was die wenigsten seiner Kunden aber wissen: Helmut ist ein

Schmähbruder ersten Ranges. Belesen, schauspielerisch durchaus an jeder Bühne nestroygeeignet und für nahezu jeden „Blödsinn" (so er allerdings Sinn ergibt!) zu haben.

Um das Folgende zu verstehen, muss man wissen, dass Helmut ein guter Koch ist, der noch den alt-wienerischen Ausdruck „schradig" für marmoriertes Fleisch parat hat, von Fledermäusen schwärmt (ein weiches, saftiges Schnitzelfleisch, von dem es nur zwei Stück pro Schwein gibt) und auf Anhieb auch die zehn besten Winzer Österreichs, mit deren jeweiligem Sortiment, nennen kann. Dieses kulinarische Wissen, in langen Jahren der Praxis erworben, endete damit, dass Helmuts Badezimmerwaage eines trüben Morgens den Geist aufgab, als er versehentlich draufstieg. Helmut war, so verriet es ihm eine Waage in einem Supermarkt, jenseits der 150-Kilo-Grenze angelangt. Um wie viel mehr, verrät Helmut um keinen Preis, gibt aber zu, keine Schuhbänder knüpfen zu können, da ihn seine Leibesfülle daran hindere. Entweder seien die Hände zu kurz oder sein Bauch zu mächtig. Fraglich sei auch, ob er aus der gebückten Haltung je wieder hoch käme.

Derlei Risiken galt es also zu vermeiden. Helmut trug fortan nur einen weißen Mantel und straßenfeste weiße Pantoffel als Fußbekleidung.

Derart adjustiert betritt er eines Tages gegen acht Uhr abends ein Favoritener Beisl. Kurz zuvor hatte er mit einem Freund schon mehrere Krügerl Bier vernichtet, glüht dementsprechend im Gesicht und bewegt seine Körperfülle nicht mehr in der gewohnten Art. Sein Blick ist leicht verschwommen, das Auge gerötet. Einzig die Aussprache funktioniert noch halbwegs fließend. Ähnlich ergeht es Helmuts Freund, der ihn auf ein wirklich allerletztes Krügerl, danach solle es kein Betteln mehr geben, so die Abmachung, begleitet. Beide nehmen an einem Tisch neben einem Mitarbeiter der Gaswerke und einem Wienstromelektriker Platz.

Nach einigen Krügerln, die guten Vorsätze vom allerletzten Abschiedskrügerl schwinden jeweils beim vorletzten Schluck, sucht der Elektriker, nur leicht illuminiert, das Gespräch mit Helmut. „Fleischhauer", so sinniert er, „bist du keiner, dazu fehlt das Blut am Mantel. Bleibt also nur noch Arzt oder Apotheker." Helmut nickt, bestellt sein fünftes Krügerl und lobt die neue Bekanntschaft ob seiner hervorragenden Beobachtungsgabe. „Das ist schon richtig. Arzt

bin ich, Chirurg in einer Klinik und auf dem Weg zum Nachtdienst. Neben mir, das ist ein Freund, der mich ins Krankenhaus bringt. Ich habe nämlich zur Zeit keinen Führerschein."
„Wann hast'n Dienstbeginn?" begehrt der Elektriker mit einem Blick auf die Uhr zu wissen. „Der ist schon vor einer Stunde gewesen, aber ich habe nur sechs Operationen in dieser Nacht und einen guten Anästhesisten. Den habe ich bereits telefonisch verständigt, dass ich mich etwas verspäten werde", gibt Helmut bereitwilligst Auskunft. „Schau, der gibt den Patienten eine Spritze und hält sie im Tiefschlaf, bis ich komme. Wenn ein Unfall oder eine Notoperation hereinkommt, ruft er mich an. Dann muss ich selbstverständlich schnellstens ins Spital. Ich bin heute der einzige Chirurg im Nachtdienst. Nicht leicht, aber die Einsparungen. Verstehst?"
Gaswerker und Elektriker ziehen die Augenbrauen hoch und werden blass ob dieses überraschenden Einblickes in den Krankenhausalltag. „Ist das, so wie du hergerichtet bist, nicht zu gefährlich, du hast ja doch ein bisserl über den Durst getrunken?" wagt der Gaswerker anzudeuten. „Schief gehen kann selbstverständlich immer etwas", schwächt Helmut jovial ab. Davor ist niemand gefeit, weder Arzt noch Patient. „Außerdem habe ich heute Nacht nur kleinere Operationen, lediglich eine am offenen Herzen. Diese ist natürlich komplizierter, aber dank meiner Routine positiv zu erledigen. Wenn nicht, nun das ist eben das Bittere im Berufsleben eines Chirurgen", gibt sich Helmut nachdenklich, trinkt einen kräftigen Schluck, wischt sich den Schaum vom Mund und setzt fort: „Einmal müssen wir alle diesen letzten Weg antreten, früher oder später. Das liegt nicht in unserer Hand. Das Ablaufdatum bekommst du eben bei der Geburt mit. Es ist auch nicht das erste Mal, dass mir einer unter der Hand wegstirbt. Weniger bedauerlich für den Verblichenen, der merkt das sowieso nicht, dafür aber für die Hinterbliebenen. Meistens zumindest. So richtig schlimm war es bei den ersten Toten, zu Beginn meiner Laufbahn. Schließlich hat man als Jungarzt Ehrgeiz und will alles besser machen. Aber mit dem Alter gewöhnt man sich an alles." Spricht's und bestellt noch eine Abschiedsrunde für sich, seinen Freund und die beiden sichtlich geschockten und aus der Fassung geratenen Gesprächspartner. Jetzt müsse er aber wirklich gehen, stemmt sich Helmut nach weiteren zwei Krügerln und einem medizinischen Diskurs von der Bank. In der Klinik habe er

noch ein Schnapserl, das wohltuende Geschenk eines Patienten für den Magen, auf sich warten, und Dienst sei Dienst, er selber äußerst pflichtbewusst. Der Operationsplan müsse erfüllt werden!
Beim Hinausgehen, Helmut muss sich an der Theke festhalten, raunt er dem Wirten zu, er möge seine, ob Helmuts Erzählungen, schockierten und sichtlich gezeichneten Gäste beruhigen. Er sei Tapezierer, der sich einen Spaß erlaubt habe, ein echter Arzt würde nie derart derangiert zum Dienst kommen.
Ein weiteres Zeugnis seiner Schauspielkunst gab Helmut vor einem großen Damenmodengeschäft in Favoriten. Der Geschäftsführer des Modehauses, Karl Bauer, veranstaltete bis vor dem Umbau des Columbusplatzes alljährlich einen kleinen, aber feinen Weihnachtsmarkt. Ein Edelwinzer namens Ferdinand Denk aus dem Wachauer Weißenkirchen schenkte Glühwein aus, Jagdfreunde kochten ein mittlerweile legendäres Rehragout, an einem anderen Stand bekam man hervorragenden selbstgebrauten Punsch. Krönung des Marktes war aber ein Weihnachtsbaummarkt mit den feinsten Tannen und Fichten vom Jauerling. Immer frisch geschlägert, schlank und rank, in jeder Größe zu haben. Um die hundert Stück standen täglich zur Auswahl.
Der Betreiber des Baumverkaufes ist kein Kind von Traurigkeit. Wirt, Forstwirt und Jäger am Jauerling. Ein echtes Kind vom Land, das dem städtischen Treiben stets etwas verwundert und unsicher gegenübersteht, sich in der Gemeinschaft der Budenbetreiber aber recht wohl fühlt. Kurt, so heißt unser wackerer Christbaumverkäufer vom Jauerling, genoss es damals, die Kälte erst mit Tee, dann mit Punsch und Glühwein zu bekämpfen. Auf diese Weise kam bis zum Abend einiges an diversen Alkoholika zusammen. Bauer, der Geschäftsführer des Modehauses, Ferdinand, der Weißenkirchener Edelwinzer – beides enge Freunde von Kurt –, und ein dritter Beteiligter, übrigens der „Chauffeur" Helmuts an seinem Chirurgenabend, fassten eines Tages einen Plan. Helmut solle als EU-Kommissar auftreten und Kurts Bäume begutachten, diese als untauglich befinden, da gegen die EU-Norm verstoßend, und deren sofortige Verarbeitung zu Brennholz anordnen. Weiters solle er einen Lizenzentzug und eine hohe Geldstrafe, im allerschlimmsten Fall Gefängnis in Aussicht stellen. Helmut zeigte sich von der Idee begeistert. Eines Abends, nach Geschäftsschluss, macht er sich auf in die Favo-

ritenerstraße. Die drei Übeltäter, die den Plan ausgeheckt hatten, warten bereits am Weihnachtsmarkt und prosten dem ahnungslosen Kurt zu. Zu viert genießt man den Tagesausklang und harrt der Dinge.
Plötzlich beginnt die Erde zu beben. Helmut, weißer Mantel, weiße Pantoffeln, tritt auf. Bauer, der Geschäftsführer, zieht sich ins schützende Modehaus zurück. Wäre er bei der Runde geblieben, hätte Kurt ihn um Unterstützung gebeten. Und diesem Fall gilt es vorzubeugen. Helmut betritt also das umzäunte Geviert, in dem Kurt seine Bäume zum Verkauf anbietet. Vorerst unbemerkt von Kurt, der sich gerade am Glühweinstand labt. Also beginnt einer der Rädelsführer, Kurt aufmerksam zu machen: „Schau, da will bestimmt einer einen Baum kaufen. Der sucht schon längere Zeit bei dir!" Kurt nimmt eiligst noch einen kräftigen Schluck Glühwein und macht sich auf, seinen vermeintlichen Kunden zu betreuen. Hinter ihm die Schar der Eingeweihten. Auf das „Ja, bitte" von Kurt folgt ein strenger Blick Helmuts. „Sie wissen, dass wir schon länger in der EU sind?" zückt Helmut einen im Fasching erworbenen EU-Ausweis, der ihn bei genauerem Hinsehen berechtigt, ab 0,8 Promille sein Auto stehen zu lassen und in der Straßenbahn oder wahlweise mit einem Taxi zu fahren. Gegen Bezahlung, versteht sich.
Kurt, eingeschüchtert durch den blauen Ausweis mit den Buchstaben EU in einem Sternenkranz, würgt ein für ihn ungewohntes, hochdeutsches „Jawohl" heraus. Helmut bringt seine 150 Kilo in Stellung: „Sind Sie der Baumverkäufer hier? Können Sie sich ausweisen? Haben Sie das vorschriftsmäßige EU-Zertifikat dabei? Zeigen Sie es mir sofort! Ich muss Sie amtlich auf die Folgen hinweisen. Ihnen drohen Lizenzentzug, Enteignung, eine hohe Geldstrafe und mindestens acht Wochen bis zu einem halben Jahr Haft gemäß § 117 EU-Weihnachtsbaumschutzgesetz. Kein einziger Ihrer Bäume entspricht den EU-Vorschriften." Kurts Adrenalinspiegel steigt. Gefängnis, Geldstrafe? Wie soll er das seiner Frau beibringen? Seinem Vater? Schwiegervater? Dem Rest der Familie? Der ganze Jauerling wird davon sprechen, dass er im Gefängnis ist. Möglicherweise im nahegelegenen Stein, der Herberge für die schwersten aller Gesetzesbrecher. Ein leises Zittern beginnt in seinen Knien und setzt sich über den ganzen Körper fort. Hätte er nur auf seinen Freund Ferdinand vom Glühweinstand geachtet! Dieser steht über das ganze

Gesicht grinsend neben Kurt und hat verzweifelt damit zu kämpfen, nicht laut herauszulachen. Aber Kurt in seiner Aufregung sieht nichts, außer sich selbst im Gefängnis. Bei Wasser und Brot! „Der Bauer“, stammelt er mit trockener Kehle, „der Bauer, vom Modenhaus.“ Dieser ist ja in der Tat Organisator des Weihnachtsmarktes und hat alle diesbezüglichen amtlichen Wege bestens erledigt. „Bauer, Bauer, ich sehe keinen. Wer ist das überhaupt? Sie betreiben hier den Baumverkauf. Weisen Sie sich sofort aus, sonst muss ich die Polizei holen und Sie verhaften lassen. Die Bäume sind übrigens beschlagnahmt. Ich habe das heute schon mehrmals machen müssen. Seien Sie wenigstens geständig und zeigen Sie sich reumütig!“
Das muss der Moment gewesen sein, in dem Kurt jeden einzelnen Schluck des Tages verfluchte. Allein gelassen, mit einem, sagen wir „Damenspitzerl“ behaftet, weiß er sich gegen den vermeintlichen EU-Kommissar nicht mehr zu wehren. Hilfe heischend sieht er sich in der ihn umgebenden Runde um. Ferdinand, der Winzer, dreht sein lachendes Gesicht von Kurt weg. Alle anderen spielen den Betroffenen. Geschäftsführer Bauer ist nirgends zu sehen. Kurt ist auf sich selbst gestellt.
„Außerdem ist Ihr Zaun viel zu weit im Straßenbereich aufgestellt“, herrscht Helmut das zitternde Bündel vom Jauerling an. Das habe Folgen, und im Übrigen seien die Bäume sofort und unter Aufsicht kostenpflichtig zu Brennholz zu verarbeiten. Kurt, weiß im Gesicht, das Herz im Hosenboden, wankt zum Zaun und schiebt ihn allein, unter Einsatz seiner durch die Waldarbeit gestärkten Kräfte, um die geforderten zwanzig Zentimeter zurück. Ein Fehler, denn in der Zwischenzeit bittet man Helmut leise, Kurt auf seinen Alkoholkonsum anzusprechen. Als Kurt, trotz der Kälte schweißüberströmt, vom Zaun zurückkommt, schaut Helmut ihn strengen Blickes an: „Haben Sie was getrunken? Sie stehen doch unter Alkohol?“ – Jetzt fasst Kurt Mut. Diese Situation kennt er, da kann er mitreden. Schließlich betreibt er nebenberuflich ein Gasthaus. Treuherzigen Blickes beteuert er: „Nein, aber wirklich nicht, Herr Kommissar. Keinen Tropfen!!“ Helmut kneift die Augen zusammen und schnuppert: „Sie haben doch eine Fahne! Wenn Sie mich anlügen, kommt das als erschwerend dazu. Hauchen Sie mich an!“
Kurt geht sicherheitshalber einen Schritt zurück. Gut, die Christbäume sind da, die kann man nicht wegleugnen – aber der Glüh-

wein und der Punsch. Das kann der strenge Kommissar nun wirklich nicht wissen. „Vom Tee vielleicht", entgegnete Kurt, „irgendwas muss ich ja trinken bei der Kälte. Aber keinen Tropfen Alkohol. Ich trinke seit Jahren nichts mehr. Da können Sie jeden hier fragen", baut Kurt auf die Unterstützung seiner Freunde. Sicherheitshalber blickt er sich trotzdem nach einem Fluchtweg um. Im Ernstfall einer Alkoholprobe, gesteht er später, wäre er, der hagere, durchtrainierte Jäger, Forst- und Gastwirt, dem weißen, hundertfünfzig Kilo schweren Riesen einfach ins Dunkel der Nacht davongelaufen. Hätte seine Bäume im Stich gelassen, sich irgendwie zum Jauerling durchgekämpft und wäre so schnell nicht mehr nach Wien gekommen. „So, so", gibt sich Helmut milder. „Sie haben heute also wirklich noch keinen Glühwein oder Punsch getrunken?" Das geht doch nicht bei der vielen Arbeit. Was würden denn seine Kunden denken, wenn er, Kurt, mit einer Punschfahne – nein, daran sei nicht einmal zu denken. Nie und nimmer. Außerdem Alkohol ... wirklich nicht!!
„Schade", grinst Helmut, „sonst hätte ich Sie jetzt eingeladen", und klärt die üble Verschwörung auf. Selbstverständlich nimmt Kurt die Einladung an, sein Herzschlag beruhigt sich langsam, und das Atmen fällt ihm wieder leichter. Der Rest der fidelen Runde zwinkert sich zu und ist sich sicher, für die nächsten Wochen Gesprächsstoff zu haben.
An seinem fünfzigsten Geburtstag, das Foto zeigt Helmut noch in der Pracht seiner hundertfünfzig Kilo, nahm er sich vor, ein anderer Mensch zu werden. Nicht mehr zu rauchen, keinen Alkohol zu trinken und auf die zahlreichen Zwischenmahlzeiten, die stets in Fressorgien ausarteten, zu verzichten. Die Gelenke wollten sein stattliches Gewicht nicht mehr tragen, das Atmen fiel ihm zusehends schwerer, der Blutdruck war entschieden zu hoch, und die Blicke anderer angesichts seines Körpers schmerzten ihn. Helmut wollte schlank sein, seine Lebenserwartung erhöhen, seine Schuhbänder wieder selbst knüpfen können. Den weißen Mantel an den Haken hängen, eine Jeans tragen wie die meisten seiner Freunde. Bei seiner sportlichen Frau fand er wenig Unterstützung. Diese liebte jedes Kilo an ihrem weißen Koloss. Jedes Kilo weniger sei ein Kilo weniger von dem, was sie liebe. Ein großer Teddybär sei ihr lieber als ein kleiner. Aber Helmut hatte einen Entschluss gefasst, und den galt es unbeirrt durchzusetzen. Er dämpfte seine letzte Zigarette aus, schuf sich einen Vor-

rat an Mineralwasser an, kaufte sich ein Zimmerfahrrad und nährte sich nur noch von kalorienarmen Speisen. Eine Scheibe Brot mit Knoblauch eingerieben, gesalzen und angeröstet, war sein Mittagessen, fettarmer Käse oder Gemüse das Abendessen. Zwischendurch gab es einen Apfel. Der Hobbykoch suchte und fand neue Rezepte. Es wurde fettarm gebraten, kalorienarme Suppen gekocht, kein Glas Wein oder Bier angerührt. Am frühen Morgen bestieg er sein Zimmerfahrrad, quälte sich zwanzig Minuten damit, duschte sich und ging in sein Geschäft. Erst dort gab es den ersten Kaffee. Schwarz mit Süßstoff, versteht sich. Statt einer Zigarette gab es eine Karotte oder zuckerfreien Kaugummi. Schon bald kam der Tag, an dem Helmut in einen Trainingsanzug passte, sich Laufschuhe kaufte, diese auch selber schnüren konnte und über den Wienerberg lief. Fünf Kilometer in einer Stunde. Dann kam die erste Jeans. Helmut lief die fünf Kilometer bald in vierzig Minuten. Er hungerte weiter, trainierte noch verbissener. Die Kilos schmolzen, nicht aber seine überdehnte Haut. Also trug Helmut sich in ein Fitnesscenter ein, um seine Muskeln zu stärken und die Haut wieder zu spannen. War er eingeladen, sah er den anderen zu, wie sie ihre Schnitzel verdrückten, sich an Vor- und Nachspeisen delektierten, Bier gegen den Durst tranken, Weine verkosteten und nicht auf das „Verdauungsschnapserl" vergaßen. Das Wasser lief Helmut im Mund zusammen, der Duft der Köstlichkeiten berauschte seine Sinne. Ein kleines Stückerl Fleisch, ein Bier oder wenigstens einen Schluck Wein bettelte sein Magen. Nein – sagte sein Gehirn. Du kriegst nichts!
Helmut blieb hart, trainierte weiter. Seine Badezimmerwaage gewann täglich mehr an Bedeutung, wurde zum besten Freund. Nach einem Jahr hatte sie sich bei sechsundachtzig Kilo eingependelt. Mindestens vierundsechzig Kilo hatte Helmut sich innerhalb dieses Jahres abgehungert und abtrainiert. Ohne ärztliche Hilfe, nur mit eisernem Willen. Für die fünf Kilometer über den Wienerberg braucht er heute nur noch zwanzig Minuten.
Den berühmten weißen Mantel hat er gegen einen braunen ausgetauscht. Nur die Pantoffeln trägt er immer noch. Wegen der Bequemlichkeit.

TRILOGIE DER

Verlierer

Vielleicht sind sie auch nur für sich, subjektiv gesehen, Gewinner. Es wäre zu hoffen – aber im gesellschaftlichen Sinn sind sie Verlierer. Am Leben. In der falschen Wiege geboren. Im falschen Bezirk. Die falschen Freunde gehabt, den falschen Weg eingeschlagen. Trotzdem versucht, ein normales Leben zu führen, und wieder Pech gehabt. Das Spiel des Lebens war nicht ihres. Wo es Gewinner gibt, muss es auch Verlierer geben – und ohne Verlierer kann es auch keine Gewinner geben. Trotzdem ist jeder seinen Weg gegangen. Irgendwie. Was für Don Quijote die Windmühlen, sind für sie Paragraphen, gesellschaftliche Normen und ein bisserl Pech. Wäre alles eine Spur glücklicher verlaufen, könnte ich nicht erzählen von

Georg
UND DAS PECH BEIM PARKEN

In der Kantine eines Favoritener Sportplatzes ist er mir aufgefallen. Er, der gemütliche, schwergewichtige Brillenträger. Ruhig in einem Eck sitzend. Irgendwie an Marlon Brando im Paten erinnernd. In den Szenen, wo er gutmütig war. Daneben seine Frau. Klein, zart, geschäftig sich um ihn kümmernd. Mit ihren achtunddreißig Kilo fast hundert Kilo leichter als Georg. Irgendwann spricht mich Georg an: „Du bist doch Reporter? Willst du eine Geschichte hören?" – „Ja, schon – erzähl einmal." – „Glaubst mir eh nicht – fast 5000 Euro Parkstrafen in zwei Jahren." Glaub ich ihm auch nicht. Also vereinbaren wir einen Termin bei Georg. Ich möchte die Unterlagen sehen.
Georg wohnt in der Wolfganggasse, im 12. Bezirk. Nicht weit vom Gürtel. Drei Blocks weiter finde ich einen Parkplatz, irre im Gemeindebau auf der Suche nach Georg durch einige Stiegen und finde ihn schließlich. In einer Zimmer-Küche-Wohnung. Vor sich hat er einen dicken Aktenordner. Die Wohnung ist aufgeräumt, blitzblank geputzt. Wo andere Bücher haben, hat Georg Medikamente stehen. Unzählige. Gegen Rheumatismus, für Herz, Kreislauf und Lunge, bessere Durchblutung, gegen Wasser in den Beinen. Eine Landapotheke hat kaum mehr im Angebot. Die meisten Pillen gehören Georg, ein kleiner Rest seiner Frau.
„Entschuldige, dass ich dir nicht in den Hof entgegengekommen bin", sagt Georg dann beim Kaffee. „Aber ich tu mir beim Stiegensteigen schwer."
„Ist schon in Ordnung, alsdann, wie schaut's aus?" Georg schiebt mir den Aktenordner zu. „Da, schau selber!" Und dann lese ich von Strafen, Anzeigen, Mahnungen, Gebühren. Alles rechtens. Die 5000 Euro stimmen auch. „Und wie kommt das, Georg?"
Georg zündet sich eine Zigarette an, bläst den Rauch durch's Zimmer und erzählt seine Geschichte:
„Ich bin zuckerkrank, habe es mit der Hüfte, mit der Schulter, mit der Lunge und stehe kurz vor einer Herzoperation. Weiter als 30, 40

Meter kann ich nicht gehen. Ich bin im Krankenstand. Schreibt mich der Arzt gesund, gehe ich zum Arbeitsamt. Die schicken mich als unvermittelbar wieder zum Arzt. Vor der Herzoperation kann ich nicht arbeiten. Einmal haben sie mir den Operationstermin vom Krankenhaus aus verschoben, einmal, weil ich erkältet war. Jetzt habe ich einen neuen Termin.
Da, wo vorher die Konsumzentrale war, ist jetzt ein Bürohaus, auf der anderen Seite des Gürtels brauchst du ein Parkpickerl. Also parken alle Pendler bei uns in der Umgebung. Am Wochenende fahren sie ihre Privatautos weg, stellen dafür aber die Firmenwagen hin. Meine Frau macht soziale Dienste. Sie besucht alte Leute, unterhält sich mit ihnen, liest ihnen vor und erledigt Einkäufe für sie. Wenn sie jetzt für uns einkauft und keinen Parkplatz in der Nähe findet, parkt sie geschwind beim Hauseingang, um die schweren Sachen nicht zu weit tragen zu müssen. Ich kann ihr nicht helfen, und sie mit ihren 38 Kilo kann auch nicht viel schleppen. Kommt sie dann von der Wohnung ans Auto zurück, steckt oft eine Parkstrafe hinter dem Scheibenwischer. Dabei parkt sie so, dass sie niemand behindert. Wenn ich im Auto unterwegs bin, *muss* ich einen Parkplatz in der Nähe finden. Ich kann wirklich nicht mehr als 30, 40 Meter gehen. Und nach einer halben Stunde Suchen stellst das kleine Auto halt irgendwo hin. Gerade so, dass niemand behindert wird. Na ja, und in der Früh gibt's wieder eine Parkstrafe. Vom Notstand können wir das nicht bezahlen. Ein bisschen was haben wir gleich bezahlt, aber wenn kein Geld da ist, geht es eben nicht. Dann kommen die Mahnungen, neue Gebühren und höhere Strafen."
Ein Teufelskreis ohne Ausweg, sage ich zu Georg. Der nickt: „Ich weiß schon, dass du mir da nicht helfen kannst. Aber die Leute sollen wissen, wie es einem ergehen kann."
Die Geschichte geht auf Sendung. Eine telefonische Hörerreaktion kommt herein: „Der ist ja gar nicht verheiratet mit seiner Frau, und außerdem soll er endlich einmal hackeln gehen."
Inzwischen hat Georg seine Herzoperation hinter sich, wartet auf die Schulteroperation und kämpft mit der Polizei. Bei den 5000 Euro hat er sich auf Ratenzahlung geeinigt. 1000 Euro sind noch ausständig. 100 stottert er monatlich ab. Aber Georg hat sich ein anderes Auto gekauft. Das alte seiner Frau war nicht mehr so richtig fahrfähig. Also gehorchte man den Zwängen und schaffte sich einen

anderen Gebrauchten an. Diesmal auf Georg angemeldet. In wenigen Monaten brachte es Georg damit auf 1600 Euro an Parkstrafen. Zahlbar innerhalb von ..., ansonsten Haftstrafe! Georg hat aber kein Geld. Georg hat eine schlechte Lunge, ein schwaches Herz, Schmerzen in den Beinen und kann nicht über zwei Stockwerke gehen. Allein in einer Zelle könnte seinen Tod bedeuten. Dass er irgendwann einmal erstickt, ist er sich ziemlich sicher. Er müsste auch immer ausreichend Medikamente zur Verfügung haben. Die, die er regelmäßig einnehmen muss, und die für den Notfall. Ein Risiko. Also ruft der zuständige Revierinspektor bei Georg an und verständigt ihn, dass es wieder einmal so weit sei. Er müsse inhaftiert werden. Vorher sei aber eine Untersuchung beim Amtsarzt notwendig. Georg nimmt dann seinen Packen an medizinischen Unterlagen, verstaut sie in einer Schachtel und geht zum Amtsarzt. Der liest die Unterlagen und bestätigt Georgs Haftunfähigkeit. In diesem Sinn wird dann das zuständige Revier verständigt. Georg hat wieder ein, zwei Monate Ruhe. Manchmal träumt ihm von der Liesl. Von Stockbetten, wo nur das obere Bett frei ist und er hinaufklettern müsste, um zu schlafen. Ein unmögliches Unterfangen für ihn. Dann träumt er von Atemnot mitten in der Nacht. Kein Arzt greifbar. Während sein Gesicht dunkelblau anläuft und das malträtierte Herz zu rasen beginnt. Georg träumt von diesen Dingen, sein Revierinspektor kennt sie aus der Erfahrung. Noch mehr der Amtsarzt. Ein, zwei Amtsärzte hat es schon gegeben, die Georg für haftfähig befanden. Bis die diesbezügliche Information im Revier eintraf und Georg in der Folge vorgeführt wurde, waren wieder ein paar Tage vergangen. Sicherheitshalber rief man noch einmal einen Amtsarzt zwecks Bestätigung der Haftfähigkeit. Der schlug dann wieder die Hände über dem Kopf zusammen und wollte keinesfalls das Risiko eingehen, Georg einsperren zu lassen. Also fuhr Georg wieder nach Hause. Zur Zeit wiederholt sich dieser Kreislauf. Anruf oder Schreiben vom Revier, dann Amtsarzt. Hält dieser Georg für haftfähig, wird ein zweiter hinzugezogen, und Georg geht wieder nach Hause. „Was das alles kostet“, wundert er sich. An Zeitaufwand und Büromaterialien. „Mit Sicherheit mehr als die 1600 Euro, die ich abzubüßen habe.“

Rudolf
UND DIE KÖNIGIN DER FÄLSCHER

Georg hat mir von Rudolf erzählt. Rudolf heißt gar nicht Rudolf. Er möchte seinen richtigen Namen nicht sagen, um zu verhindern, dass seine Tochter von seinem Schicksal erfährt. Irgendwann wird er ihr vielleicht alles erzählen, aber den Zeitpunkt möchte er bestimmen. Oder seine Frau, die von Anfang an als Mittäterin dabei war. Es könnte natürlich auch sein, dass beide ihrer Tochter nie davon erzählen. Warum auch? Die Sache ist ausgestanden, verbüßt und fast schon verjährt.

Dabei hat alles so schön begonnen. Rudolf sah seine Zukunft in der damals boomenden Computerbranche, seine Frau begeisterte sich ebenfalls dafür. Man beschloss, ein Team zu bilden. Er solle sich auf die Hardware konzentrieren, sie würde sich auf die Software spezialisieren. So würde man gemeinsam reich und glücklich und die bestehenden Schulden abarbeiten. Der erwartete Reichtum ließ auf sich warten. Freunde und Bekannte baten Rudolf zwar um kleinere Reparaturen an ihrem Computer, aber boten als Gegenleistung lediglich einen Wirtshausbesuch. Bargeld kam nur selten ins Haus.

Während Rudolf das erzählt, legt er eine Mappe mit Zeitungsartikeln auf den Tisch. „Da steht alles drin über unser verpfuschtes Leben, die tatsächliche Wahrheit klingt allerdings anders", murmelt er. Seine Frau nickt. Sie haben beide Schlagzeilen gemacht. Als Siegerin ging Rudolfs Frau heraus. Die Königin der Fälscher – nannte sie eine große Tageszeitung. Gut, in einer Zeitung steht viel. Wie war es wirklich? Egal, was das Gericht für wahr befunden hat, ich will die ganze Wahrheit. Und nichts als die Wahrheit!

Stockend beginnt Rudolf zu erzählen. Seine Frau hört zu und korrigiert seine Erzählung hin und wieder. „Wir haben uns also auf Computerarbeiten spezialisiert. Irgendwann haben wir den Auftrag bekommen, Taxigutscheine zu drucken. Auf einer Seite eine Dollarnote, auf der Rückseite der Text für den Gutschein. Meine Frau hat eine Dollarnote eingescannt und nachbearbeitet. Eine perfekte

Arbeit. Alle hielten die Dollarseite für echt. Na ja, und dann haben wir uns gedacht, wir könnten das einmal mit Tausendschillingnoten versuchen. Beidseitig und auf echt! Aber immer noch eher aus Jux.
Das Wichtigste dabei war das Papier. Wir haben lange gesucht und es dann bei ‚Neusiedler' gefunden." Rudolf nennt Papiersorte und Gewicht. „Neben dem richtigen Papier kam es auch auf den richtigen Umfang der Banknoten an. Ich habe eine spezielle Schneidetechnik entwickelt, um die exakte Größe des Tausenders nachzuschneiden. Da müssen Ecken und Kanten genau stimmen. Nach langen Versuchen, einmal stimmte die Farbe nicht, einmal die Größe, kam dann der große Tag. Ein auf den ersten, zweiten und dritten Blick echter Tausender kam aus dem Drucker heraus. Damit er nicht ganz neu aussieht, haben wir ihn nass gemacht, getrocknet und zerknüllt. Damit war es dann auch vorbei mit dem Jux. Der Tausender brannte uns auf den Fingern. Erst wollten wir nicht – aber dann ... da kommst du heim, hast kein Geld in der Tasche ... eine Familie zu versorgen ... mit allen Wünschen, die man so hat ... im Schreibtisch liegt der Tausender und lacht dich an. Da beginnst du zu grübeln, stellst dir vor, wie es wäre mit einem Haufen Geld. Auf der anderen Seite: Was ist, wenn die Sache auffliegt? Also lassen wir es eher. Der Teufel schläft nicht.
In einem Supermarkt, wo man uns nicht kannte, haben wir es dann ausprobiert. Abends zur Hauptgeschäftszeit. Nervös, schwitzend und mit viel Herzklopfen. Klopapier und Konserven haben wir uns gekauft. Dinge, die wenig kosten, um möglichst viel Retourgeld zu erhalten und die auch lange genug halten, damit man sie lagern kann. Echtes Geld hatten wir nicht dabei. Es gab also kein Zurück mehr. Ich habe den Schein mit zittrigen Fingern zur Kassa hingeschoben. Ausreden haben wir uns überlegt, falls die Sache schief geht. Den Tausender hätten wir selber bekommen, von einem Unbekannten, der ihn klein gewechselt haben wollte. Die Kassiererin hat den Tausender dann nicht einmal genau angeschaut. Sie hat ihn genommen und das Retourgeld herausgegeben. Ganz ohne Probleme. Ruckzuck. Es war ganz leicht.
Damit war für uns klar: Wir gehen in Serie. Beim Scannen haben wir später eine besondere Technik entwickelt, um die Seriennummer immer wieder zu ändern. Jedenfalls war die Qualität unserer Tau-

sender so gut, dass sie auch in Bankomaten verwendet wurden. Mit dem Erfolg sind dann die Probleme gekommen. Wir haben alle Supermärkte in der Umgebung abgegrast. Immer mit einem Tausender zu bezahlen, erschien uns zu auffällig, also haben wir Freunde eingeweiht und sie gebeten, uns zu helfen. Verlässliche Freunde, wie wir glaubten. Das sollte sich aber als falsche Annahme herausstellen. Die lieben Freunde wurden zu gierig, sahen nur das schnelle Geld, weihten wiederum andere Freunde ein, und zuletzt waren es rund sieben Leute, die falsche Tausender unters Volk brachten. Wir kamen mit der Produktion kaum noch nach. Der Drucker lief täglich ein paar Stunden. Drucken, waschen, wechseln. Das war unser Tagesablauf.

Irgendwann fühlten wir uns dann beobachtet. Zwei Herren, in einem Auto sitzend, grundlos herumstehende Passanten in der Nähe unserer Wohnung. Etwas hatte sich verändert. Ein mulmiges Gefühl stellte sich ein. Die Sache wurde uns zu heiß. Da lief etwas falsch. Wir wollten aufhören und alle Beweise vernichten Aber unsere Freunde hatten noch nicht genug. Sie beruhigten uns, unterstellten uns Verfolgungswahn und baten uns, weiterzuproduzieren. Ja, sie versuchten es sogar mit Erpressung. Würden wir nicht weitermachen, würden sie die Kripo verständigen.

Dass diese längst davon wusste, stellte sich heraus, als es plötzlich an der Tür klingelte, eine Gruppe Beamter in die Wohnung einfiel, alles durchsuchte und uns verhaftete. Die Falschgeldexperten der Kripo haben uns beim Verhör bestätigt, dass wir die besten Tausender in der Falschgeldgeschichte produziert haben. Selbst Fachleute konnten unsere gefälschten Scheine nicht von echten unterscheiden. Irgendwo müssen immer noch ein paar hunderttausend Schilling herumliegen. Die Polizei hat längst nicht alles gefunden. Vielleicht sind deswegen damals, relativ kurz vor der Euroumstellung, die neuen kleineren Tausendschillingnoten eingeführt worden. Ich bin zumindest davon überzeugt. Nach der Untersuchungshaft kamen die Verhandlungen, danach die Strafhaft. Offiziell waren wir beide, meine Frau und ich, verreist. Unsere kleine Tochter kam erst zur Oma, dann in ein Heim. Sie war damals noch zu jung, um die Geschehnisse zu verstehen."

Der Zeit im Gefängnis stellen beide gute Zeugnisse aus. Die Aufsichtsbeamten seien nett gewesen. Rudolf hatte im Gefängnis

Gelegenheit bekommen, seine Computerkenntnisse zu vervollständigen. Möglicherweise sei er der erste Freigänger gewesen, der den Computerführerschein hätte machen dürfen. Als Rudolf dann auch noch begann, an den Gefängniscomputern zu arbeiten, Beamten ihre Privatcomputer reparierte und aufrüstete, hatte er es endgültig geschafft. Er wurde zum Vorzeige- und Musterhäftling. Auf über fünfzehn Computerprüfungen, die meisten mit Auszeichnung bestanden, kann er inzwischen verweisen. Was ihm trotzdem nicht hilft.

In seiner Biographie klafft eine Lücke, die er nicht füllen kann. Er bräuchte Arbeitsnachweise, Zeugnisse von diversen Firmen. Die hat er aber nicht. Seine Frau ist krank, hat Bandscheibenschäden. Als gelernte Friseurin kann und will sie nicht mehr arbeiten. Am liebsten würde sie mit Tieren zu tun haben. Zu viele menschliche Enttäuschungen haben ihre Tierliebe gestärkt. Aber auch ihr fehlt die Praxis, auch in ihrer Biographie klafft eine Lücke von ein paar Jahren.

Nach Ausstrahlung des Interviews bekam Rudolf drei Jobangebote. Zwei waren auf Provisionsbasis und unseriös, das dritte nahm Rudolf an. Er reiste quer durch Niederösterreich, das Burgenland und Wien, um Computer vor Ort zu reparieren. Billigware und Aktionsangebote, auf denen noch Garantie war. Schlecht bezahlt und bis zu zwölf Stunden täglich unterwegs. Bezahlt bekam er acht Stunden. Das tägliche Soll musste erfüllt werden. Egal, mit welchem Zeitaufwand. Rudolf beschwerte sich nicht. Er wollte durchhalten, hoffte auf ein besseres Angebot einer anderen Firma. Irgendwem musste doch auffallen, dass er ein Ass in Sachen Computer ist.

Nachdem die Arbeit immer mehr wurde, lernte Rudolf einen Jungkollegen an. Als dieser genug Fachkenntnisse hatte und auch noch bereit war, billiger als Rudolf zu arbeiten, entließ man Rudolf. Zur Zeit arbeitet Rudolf als Botenfahrer und repariert wieder Computer. Privat und für Freunde. Seine kleine Familie will ernährt werden. Er möchte, dass es seiner Tochter gut geht, will den Schaden, den er durch seine „reisebedingte Abwesenheit“ an ihrer Erziehung verursacht hat, wieder gutmachen, will einfach ein guter Vater sein. Seine Frau bemüht sich um eine Tätigkeit mit Tieren. Hat sich selbst weitergebildet, um ihrem Lebenstraum ein bisschen näher zu kom-

men. Bis jetzt vergeblich. Beide sind wieder dort, wo sie waren, als sie begannen, die besten Tausender Österreichs in der Falschgeldgeschichte des Landes zu produzieren. Arbeitsangebote sind immer noch willkommen. Ehrlich gemeinte.
Euroscheine seien für ihn leichter zu fälschen als damals die Schillingtausender, lächelt Rudolf, während seine Frau dazu nickt – aber dieser Versuchung wollen beide felsenfest widerstehen. Koste es, was es wolle.
Zum Zeitpunkt des Interviews hielt ich es nicht für möglich, dass die Euroscheine so leicht zu fälschen sind. Ich billigte Rudolf etwas Imponiergehabe zu, um sein Selbstbewusstsein zu stärken. Die täglichen Zeitungsmeldungen über perfekt gefälschte Euronoten haben mich eines Besseren belehrt. Als ich zum letzten Mal Kontakt zu Rudolf hatte, erzählte er mir, er würde mit seinem letzten Arbeitgeber prozessieren. Dem Arbeitgeber, der sich aufgrund unseres Interviews gemeldet hatte. An die 8000 Euro an Gehalt seien noch ausständig. Für Rudolf und seine Familie eine hohe Summe. Für seinen Ex-Arbeitgeber möglicherweise auch. Aber beweist das alles nicht die Theorie, dass der Stärkere auf dem Schwachen herumtrampeln kann?
Rudolf wird vermutlich irgendwann zu seinem Geld kommen. Er hat schließlich Leistungen dafür erbracht. Nur bis dahin ist es für ihn und seine Familie ein langer Weg. Ein Weg, an dem man jeden Cent umdrehen muss, bevor man ihn ausgibt. Wie sagt doch Bert Brecht: Man sieht nur die im Lichte, die im Dunkeln sieht man nicht. Mögen diese Zeilen dazu beitragen, auch denen, die keinen Fensterplatz im Zug des Lebens bekommen haben, etwas mehr Gerechtigkeit und Vergnügen am Leben widerfahren zu lassen.

Günter

DAS U-BOOT

Irgendwo im Süden Wiens, im Industriegebiet, fährt man durch den Hof einer Spedition, kommt von dort in einen zweiten Hof, dann in einen dritten. Dort steht eine Baracke, schwach beleuchtet, laute Musik dringt aus dem Inneren. Zwei Drittel der 80-Quadratmeter-Baracke sind voll mit Gerümpel, Werkzeug und Autoteilen. Im letzten Drittel findet sich ein Verschlag. Aus Brettern zusammengesetzt, eine abgelegene Matratze auf dem Boden, ein Kühlschrank, ein kleiner Elektrokocher. Dieser Verschlag ist Günters Heimat. Österreicher mit deutschem Akzent, etwas über dreißig, magere Figur. Er teilt sich den Verschlag mit seinem Mischlingshund. Dem einzigen Lebewesen, auf das er sich verlässt. Eine Frau hat nicht Platz in Günters Leben.

Stolz zeigt Günter auf ein Dieselaggregat. Hat er aus einem alten Motor zusammengebastelt, um sich billig mit Strom versorgen zu können. Einen richtigen Stromanschluss gibt es nicht in der Baracke. Auch eine Toilette oder Dusche sucht man vergebens. Es gibt keinen Wasseranschluss in Günters Baracke. Dafür ist sein Kühlschrank voller Bierdosen. Günter wirft mir eine zu.

„Das ist alles, was ich habe, und alles, was ich zum Leben brauche." Seine Stimme klingt seltsam spröde und kehlig. Er ist es nicht gewohnt, viel zu reden. Wenn er auf die Toilette muss, sagt Günter, geht er auf die Wiese hinter der Baracke. Wenn er duschen will, muss er Bekannte besuchen. Die waschen ihm manchmal auch die wenigen Kleidungsstücke, die er hat. Zwei Jeans, zwei Hemden, einige T-Shirts. Abgetragene Kleidung, von Freunden überlassen.

Günter hat längst keine Krankenversicherung mehr, ist auch nirgends gemeldet. Irgendwann wurde es ihm zu mühsam, sich um die Arbeitslose anstellen zu müssen. Notstandshilfe will er nicht beziehen. Irgendwann sind ihm auch seine ganzen persönlichen Papiere gestohlen worden. Günter hat sich nie um Ersatz bemüht. In seiner Baracke braucht er keinen Personalausweis.

„Ich möchte keinem Kosten verursachen", würgt er heraus. „Ich möchte frei sein, von niemandem abhängig. Und ich bin bereit, den Preis dafür zu bezahlen."

Tagsüber schläft Günter. Erst abends kommt dann Bewegung in seine Bude. Taxler, Lkw-Fahrer und andere Autobesitzer kommen gelegentlich bei ihm vorbei. Sie bringen Dosenbier mit oder kleine Bargeldbeträge. Günter soll dafür ihr Auto reparieren. Für Günter kein Problem. Autos sind seine Passion, da kennt er sich aus. Bier trinkend und Discomusik hörend wird dann auf die Reparatur gewartet. Die paar Euro, die Günter für seine Arbeit verlangt, basieren auf: „Gib mir halt, was du glaubst." Es ist nicht viel, aber für die nötigen Grundnahrungsmittel reicht es.

Mutter hat Günter keine mehr. Einen Vater hat er noch. Der würde Zinshäuser in Wien besitzen. Aber Günter will nichts von ihm. „Der hat sich sonst nie um mich gekümmert, warum soll ich jetzt was von ihm verlangen? Der weiß nicht einmal, dass ich in Wien lebe. Ich bin zufrieden mit dem, was ich habe." Sagt's und macht sich eine neue Dose Bier auf.

Zwei Autos kommen gerade vorgefahren. Günter soll sie gleich reparieren. Der Mischlingshund macht unterdessen seine Abendrunde. Allein.

Schade, dass Günter nicht Englisch kann. Der Liedtext „Freedom is just another word for nothing left to loose" von Kris Kristoffersons Me and Bobby McGee wäre ihm auf den Leib geschrieben.

DER

Joe

ODER EIN BURGENLÄNDER GEHT SEINEN WEG

Dass Joe aus dem Burgenland kommt, hört man beim ersten Wort. Joe heißt eigentlich Josef. Weil er aber Musiker und Künstler ist, nennt er sich Joe R., das ist so im Showbusiness. „Wenn du Josef heißt, kannst kein Künstler sein!"

In seiner kleinen burgenländischen Gemeinde kam Joe früh mit der Musik in Berührung. Es gibt dort eine Blasmusikkapelle, Joe durfte auf Wunsch der Mutter die Trommel schlagen und bekam Musikunterricht. Was ihm so sehr gefiel, dass er mit sechzehn nach Wien umsiedelte. Offiziell, um eine kaufmännische Lehre zu absolvieren, inoffiziell, um am Durchbruch als Musiker zu feilen.

Dass aus Joe nie ein ehrbarer Kaufmann würde, zeichnete sich sehr schnell ab. „Das war mir alles zu grau. Das Leben ist bunt. Ich will das Leben spüren. Vierundzwanzig Stunden am Tag. Das muss alles pulsieren. Es muss immer was g'schehen. Action, verstehst?"

Klar doch, Joe. Jeder muss sich weiterentwickeln. Also, wie war das nach der abgebrochenen Lehre als Kaufmann?

„Na jo, da hab ich erst einmal nichts gehabt. Das heißt, etwas habe ich schon gehabt. Einen Riesenhunger! Ich habe ja oft zwei, drei Tage nichts zu essen gehabt. Und da hat mich ein Freund gefragt, ob ich an einem Kellnerjob interessiert bin. Na sicher! Alles hätte ich gemacht, um Geld zu verdienen! Weil mit der Musik ist es auch nicht so schnell gegangen. Und ich wollte nicht als Versager ins Burgenland zurück. Habe ich mir also mit meinen letzten siebenhundert Schilling eine schwarze Hose gekauft. Ein weißes Hemd habe ich schon gehabt. Ich gehe also zu der Adresse hin. Ein Kaffeehaus habe ich mir erwartet. Wie ich dann hinein bin, da habe ich im gedämpften Licht gesehen, dass lauter Mädchen dort waren. Mit ganz kurzen Miniröcken! Das Hoserl darunter, alles hat man gesehen. Und oben haben's ja auch nicht mehr angehabt. Und die Herren haben die Mädchen abgegriffen und mit ihnen geschmust. Ich habe mich geniert! Jessas, habe ich mich geschämt! Ich habe mich

SCHAUER

ja gar nicht hinschauen getraut. Bin ich in einem Puff gelandet! Ich wollt ja gleich wieder weg! Aber was hätte ich tun sollen? Mein letztes Geld habe ich ja für die schwarzen Hosen ausgegeben. Bin ich halt dort geblieben. Aber ich habe aufgepasst, dass mich ja niemand sieht. Wenn die das im Burgenland erfahren hätten! Ich in einem Puff als Kellner! Na, meine Mutter hätte gleich der Schlag getroffen!"
Eine Weile blieb Joe als Kellner im Puff. Ständig vom schlechten Gewissen geplagt – ich als einfacher Burgenländer, damals war ich ja noch naiv, in einem Puff! –, suchte und fand er bald eine neue Arbeitsstelle. Er wurde Brotausführer bei der Firma Anker.
„Mit dem Meister habe ich mich gleich gar nicht verstanden. Ich bin ja ein lebenslustiger Mensch und habe immer gesungen. (Joe stimmt ein Lied an.) So habe ich gesungen, um drei in der Früh! Alle waren sie schlecht aufgelegt, nur ich wollte den grauen Morgen bekämpfen und für gute Stimmung sorgen. Jetzt stell dir vor, das wollten die aber nicht! Na, mir war das egal, ich habe gesungen! Wie ein Zeiserl oder der Pavarotti! Mir hat die Arbeit ja Freude gemacht. Und warum soll ich das nicht zeigen?" Joe singt wieder.
Die Götterdämmerung für Joe kam dann auf der Tangente. Entweder war ein Türschloss kaputt oder er hatte die Türe nicht richtig abgeschlossen, was er für wahrscheinlicher hält. Wie auch immer: Joes Semmeln rutschten aus dem ihm anvertrauten Lkw und zogen am frühen Morgen eine wohlduftende, frischgebackene Spur auf der Tangente. Joe sah es im Rückspiegel, das Lied, das er gerade auf den Lippen hatte, blieb ihm in der Kehle stecken. Er hielt am Pannenstreifen und begann verzweifelt, seine Semmeln einzusammeln. Schließlich ging es um seinen Job. Autofahrer hupten, vorbeifahrende Ankerkollegen – Aha, unser Sänger, schau, schau, warum singt er jetzt nicht? – winkten ihm zu. Bis auf dreißig zerquetschte konnte er alle Semmeln wieder einsammeln und ausliefern.
Am selben Tag noch gab es eine Aussprache mit dem Personalchef. Man einigte sich einvernehmlich auf das Ausscheiden Joes aus der Firma. Joe hatte wieder einmal eine Hungerperiode vor sich.
„Und da hat mich meine Mama angerufen. Ich soll zu Hause bei einer Hochzeit spielen. Mit der Dorfkapelle. Na, ich nichts wie heim! Da war Geld zu verdienen. Komm natürlich zu spät, zieh mich schnell um. Die Mama fragt mich, ob ich was essen will. Ich sag nein, Mama, weil ich habe ja gewusst, dass für die Kapelle immer

Würstel vorbereitet sind. Der Magen hat mir geknurrt, wie ich zum Treffpunkt komm. In das Haus der Braut. Dort heißt's, schnell, schnell wir sind schon zu spät. Essen gibt's später. Und schon sind wir abmarschiert. Ganz langsam. Mein Hunger ist mit jedem Schritt stärker geworden. Ich schlag die Trommel schneller, damit wir endlich in die Kirche kommen und dann ins Gasthaus. Auf einmal wird der Zug langsamer. Ich denk mir, das gibt es doch nicht. Ich gebe doch mit der Trommel den Rhythmus vor! Auf einmal ist vorn, von der Zugspitze, wo die Braut gegangen ist, ein Raunen gekommen, die Musik hat aufgehört. Ganz leise haben sie miteinander gesprochen. Bis ich es am Ende des Brautzuges auch gehört habe. Ist der Brautvater gestorben. Stell dir vor: Fällt der tot um und stirbt! Und mir war ganz schlecht vor Hunger.

Geheiratet ist aber trotzdem worden. Es war ja alles vorbereitet. Der Pfarrer, das Gasthaus, der Fotograf. Aber das hat sich natürlich alles verzögert, und viel später als geplant sind wir dann doch in das Wirtshaus gekommen. Die Gäste im Extrazimmer, die Musikanten in der Küche. Da hat es geduftet! Eine Nudelsuppe und eine Leberknödelsuppe hat es gegeben! Im Burgenland gibt's ja immer eine größere Auswahl an Speisen. Der Dampf ist mir in die Nase gestiegen, die Knödel sind immer größer geworden. Aber wir haben mit dem Essen warten müssen. Erst die Gäste und dann die Kapelle. Ich habe das nicht mehr ausgehalten! Ganz schwindelig ist mir geworden. Und da habe ich mich zum Kessel mit den Leberknödeln hingearbeitet. So ganz heimlich, mit dem Rücken zuerst. Mit meinem Trommelstock habe ich versucht, so einen Leberknödel aus dem Suppentopf herauszufischen. Die waren ja faustgroß, und ich rühre und rühre, bis ich tatsächlich einen Knödel erwisch. Na, ich ziehe den Knödel heraus, ganz langsam, Zentimeter für Zentimeter. Auf einmal dreht sich der Kapellmeister um. Der hat eh einen Pick auf mich gehabt. Erwischt der mich, wie ich den Knödel gerade in der Hand habe. Ich habe ihn so hin und her geschupft, weil er so heiß war! Haut der mir doch eine Watschen herunter, dass mir der Knödel aus der Hand gefallen und über den Küchenboden davongerollt ist. War wieder nichts! Ich habe dann warten müssen, bis alle gegessen haben, und erst dann etwas bekommen. Das hat mir geschmeckt. Mein Gott, war das herrlich!! Das war so gut! Ich glaube, so gut habe ich nie mehr gegessen. In meinem ganzen Leben nicht!“

Wenn Joe nicht gerade Musik macht, er hat es vor Jahren immerhin bis in die Hitparade geschafft, malt er. Unter anderem hatte er die Idee, Billiguhren zu kaufen und sie bunt zu bemalen. Ziffernblatt, Band – die ganze Uhr. Ähnlich wie die Schwarzhändler nach dem Krieg hatte er die Uhren in allen Taschen und unter dem Mantel versteckt. Damit ging er von Beisl zu Beisl und bot sie an. Das Geschäft mit den Unikaten ging ganz gut, und auch für seine Bilder konnte er erkleckliche Preise erzielen. Trotzdem will Joe immer Musiker bleiben. Dafür hat er schließlich ein halbes Leben gehungert.
Gelegentlich treffe ich Joe noch. Er ist ein Erzähltalent ersten Ranges und gibt unter seinem Namen Joe R. Kabarettabende. Dazu zeigt er seine Bilder. Traurig habe ich Joe eigentlich nur einmal getroffen. Seine Frau, von der er geschieden ist, hat ihm die Wohnung gekündigt. Theoretisch, auch wenn Joe schon bei seiner Freundin wohnt und somit zumindest nicht unterstandslos ist, lebt er als U-Boot. Er braucht seine alte Adresse, zumal sie bei allen Geschäftspartnern Joes vorliegt. Dann gibt es auch noch ein gemeinsames Kind, das Joe sehr liebt. „Es ist im Moment nicht leicht für mich", legt er sein Gesicht in Sorgenfalten. Joe, die Frohnatur, einmal anders. „Zum Glück trinke ich nie Alkohol", sagt er dann. „Weil, ich glaube, ich hätte jeden Tag einen Riesenrausch. Um zu vergessen, um zu verdrängen. Aber ein echter Joe geht nicht unter. Ich werde es wieder in den Griff kriegen. Was bleibt mir über? Nur im Moment tut es verdammt weh!"
Ja, es tut weh, Joe, wenn man von Menschen, die man früher geliebt hat, verletzt wird. Aber Liebe und Hass liegen eng beieinander. Und beides kann sich blitzartig ins Gegenteil umkehren. Aber du wirst es schaffen. Denke an deine schönen Zeiten. Als Kellner, als Musiker, als Maler und Semmelauslieferer. Krisen sind da, um gemeistert zu werden. Auch wenn Narben zurückbleiben, du gehst gestärkt daraus hervor!

DER

Willi

UND OSKAR WERNER

Willi lebt die Devise „Ein Branntweiner, der nichts trinkt, ist wie ein Pfarrer, der nicht getauft ist". In der Gudrunstraße, gleich beim Erlachplatz, hat er sein Beisl. Rechts vom Eingang persönliche Erinnerungsfotos, links hinter der Theke ein Poster von Mikis Theodorakis. Poster und Fotos zeigen: Willi ist Griechenlandfan. Und irgendwann – in der Pension – will er auch dort bleiben. Länger als die vier Wochen, die er jährlich dort verbringt.

Willi liebt klassische Musik. Das alljährliche Neujahrskonzert im Fernsehen ist ihm ein Pflichttermin. Da wird er grantig, wenn ihn jemand stört. Obwohl Willi sonst immer lacht. „Schau, man darf das Leben nicht zu ernst nehmen. Ich bin nicht reich, aber ich habe, was ich zum Leben brauche. Probleme hat jeder, die gibt es überall, aber soll ich mir deswegen das Leben verdrießen lassen?" Und so strahlt er von 8 Uhr morgens bis 22 Uhr, manchmal auch länger, gute Laune aus.

Mit dem Alkohol hält Willi sich jetzt etwas zurück. Seit dem Abend, als ihn seine Gattin abholen musste, weil er weder in der Lage war, das Geschäft abzusperren, geschweige denn, mit dem Auto zu fahren. „Das wäre ja halb so schlimm gewesen. Kann ja vorkommen in meinem Geschäft! Warum soll es mir nicht auch manchmal passieren, dass ich zuviel erwische? – Nur, das Problem an dem Abend war, bitteschön, das hat mir meine Gattin dann in der Früh erzählt, dass ich auf der Tangente unbedingt aus dem Auto aussteigen wollte. Warum, weiß sie nicht mehr und ich schon gar nicht!“ Seitdem geht Willi mit der Ware, die er verkauft, vorsichtiger um. „Ein Schnapserl oder zwei pro Tag, mehr nicht!“ schwört Willi mit treuherzigem Augenaufschlag und stellt zwei Doppelte auf die Theke. „Die gehen auf Haus, wenn ich schon einmal einen Radio-Wien-Reporter hier habe. Aber ich trinke auf zwei Schluck. Dann habe ich länger was davon.“

Über klassische Musik und Ballett kann man mit Willi stundenlang diskutieren. Da kennt er sich aus. Und da kann es schon passieren, dass Willi, je nach Stimmung, Radio Wien in seinem Beisl abdreht und seine Gäste mit klassischer Musik überrascht. Konzertpegel, versteht sich! „Am Anfang haben sie mich gefragt, was das soll. Ob ich sie foltern will. Aber inzwischen haben sie sich daran gewöhnt und fragen selber schon nach klassischer Musik. Bitteschön, sonst höre ich ja nur Radio Wien. Tatsache! Aber zwischendurch ein Bach, Mozart oder Beethoven, das muss schon drinnen sein.“

Und noch etwas ist drinnen. Neben Schmäh, Griechenland, Ballett und klassischer Musik: Oskar Werner! „Der hat eine Sprache! Die reinste Musik. Das war noch ein Klassiker des gesprochenen Wortes, so etwas findest du heute nicht mehr“, beginnen Willis Augen zu glänzen. Willi hat alle Filme des Schauspielers, sämtliche für ihn erreichbaren Ausstellungen besucht, und selbstverständlich hat Willi auch alle verfügbaren Tonträger gesammelt. „Am Nachmittag spiele ich manchmal den Oskar Werner im Beisl. Da wird mir ganz anders. Des is a Moment – da bleibt die Welt stehen. Die Bürgschaft zum Beispiel! Ich hab sie bestimmt schon über tausendmal vom begnadeten Oskar Werner gehört, aber sie ist immer wieder neu für mich. Das fasziniert mich immer wieder. Mir wird gleich ganz anders, wenn ich nur daran denke. Soll ich's auflegen? Ich habe sie selbstverständlich hier.“ – Sicher, Willi, hole sie her. Aber wenn du

die Bürgschaft schon so oft gehört hast, kannst du sie bestimmt auch auswendig?
„Eh klar: Zu Dionys, dem Tyrannen, schlich Damon, den Dolch im Gewande. Ihn schlugen die Häscher in Bande ..." – das reicht schon, Willi, jetzt sagst mir nur noch, wie die Bürgschaft aufhört. Willi strahlt mich an: „Aber bitteschön. Also jetzt, wo du mich so schnell fragst. Also im Moment ... jetzt hast mich wirklich überrascht ... also tatsächlich ... ich hab's auf der Zunge ... na, gleich hab ich's. Jetzt hast mich erwischt!" Willi setzt noch mal von vorne an – allein die Geister, die er rief (um Goethe zu bemühen), sie kamen nicht. Bestürzt sucht Willi nach der CD, findet sie auch sofort, und Oskar Werners Stimme sägt bald darauf durch den verrauchten, alkoholgeschwängerten Raum. „Ich sei, gewährt mir die Bitte ... in eurem Bunde ... der Dritte!!"
Willi atmet auf, schüttelt den Kopf, jetzt weiß er es auch wieder! „Na, sowieso, aber im Moment." Unsicheres Zögern, dann hat sich Willi wieder im Griff. „Da, schau her", zeigt er mir seinen Unterarm. „Eine Ganslhaut kriege ich immer noch dabei." Und wirklich: Die Haare haben sich aufgestellt und kleine Pusteln ziehen sich über den gesamten Unterarm. Mitten im Hochsommer. Ich bitte Willi, die Bürgschaft noch einmal zu spielen, um Oskar Werners Originalton auf Band aufzunehmen. Willis Augen beginnen zu schwimmen, als ich ihm sage: „Weißt eh, Willi, das hättest du dir auch nicht gedacht, dass du einmal gemeinsam mit Oskar Werner im Radio kommst."

Frech

WIE OSKAR

Der Leser kennt Oskar Werner (Schauspieler), Oskar Kokoschka (Maler) und Oskar Kainz (Schauspieler). Nicht jeder, aber doch sehr viele kennen den im Vergleich zu den anderen Oskars noch lebenden Oskar Kainz: Wienerliedsänger in Pensionistenheimen und bei Heurigen. Dort ist er gerne gesehener Gast, vertreibt er doch die Zeit mit wienbeseelten Liedern. Weniger gerne gesehen ist Oskar Kainz in einer anderen Funktion, nämlich der des Prominentenfotografen. Würde er die Prominenten nur fotografieren, ginge es ja noch, aber Oskar hat den Ehrgeiz, sich stets neben dem Prominenten auf das Bild zu zwängen. Nach dem Motto: Ich und Arnold Schwarzenegger, ... ich mit ... Marcello Mastroianni ... ich mit Manfred Krug ... Peter Ustinov ... Uschi Glas ... ich mit. Mit über 5000 Prominentenfotos hat es Oskar schon vor Jahren in das Guinessbuch der Rekorde gebracht. Freundschaften entstanden auf diesem Weg: „Die Uschi Glas ist ganz nett, der Gunter Philipp, der Ustinov." Es entstanden aber auch nicht gerade Feindschaften – dazu wähnt sich Oskar nicht wichtig genug –, aber oft genug gewisse heikle Situationen. Entstanden aus dem Wunsch des Prominenten, sich allein im Blitzlicht der Fotografen zu sonnen, und Oskars stetem Drang, sich neben dem Prominenten ablichten zu lassen. Dazu drückt er stets einem Begleiter, meistens seiner Frau, den Fotoapparat in die Hand.

So geschehen auch bei einem Fototermin Marcello Mastroiannis in Wien. Marcello posiert vor dem Rathaus und wundert sich über den kleinen, bebrillten Mann im Trachtenanzug, der sich an seine Seite drängt. Erst glaubt er, jemand Wichtigen aus der Prominenz des Landes neben sich zu haben, dann bemerkt er aber, dass die Euphorie der Fotografen sichtlich nachlässt. Den Grund ortet er sehr schnell im kleinen, bebrillten Mann neben sich. Hätte der Schauspieler Deutsch gekonnt, wäre es ihm auch möglich gewesen, die einzelnen Kommentare der Fotografen zu unterscheiden: „Schleich dich, Arschloch! Gehe aus dem Bild hinaus! Verschwind!" – Oskar ignoriert die Aufforderungen und tut nichts dergleichen. „Was hätte ich denn tun sollen? Die Fotografen haben den Mastroianni umringt, meine Frau mit der Kamera war ganz hinten in der letzten Reihe. Die ist gegen die Ellbogenmauer der Fotografen nicht angekommen. Ich habe warten müssen, bis sie endlich vorne war und fotografieren konnte."

Marcello Mastroianni unterdessen wird unruhig. Er fragt seinen Dolmetscher, wer das neben ihm sei. Der zuckt mit den Schultern, er weiß es nicht. Dann möge er ihn doch wegschicken! Probiert der Dolmetscher auch, stößt bei Oskar aber auf taube Ohren. Wann, wenn nicht zu diesem Zeitpunkt wäre Oskar denn sonst zu einem Bild von sich und dem Schauspieler gekommen? Mastroianni wird nervös. Seine Augenbrauen heben sich zu einem gewissen grantigen Ausdruck, die Lippen werden schmal. Er spricht wieder zu seinem Dolmetscher. Der übersetzt für Oskar: „Wenn du jetzt nicht weggehst, haut er dir vor allen Leuten eine runter. Er meint es ganz ehrlich." – Oskar, der verzweifelt seine Gattin sucht, um herauszufinden, ob sie denn schon ein Foto geschossen habe, denkt sich: „A Watschen vom Mastroianni vor der gesamten Presse! Damit komme ich auf jede Titelseite!!" – Während Oskar sich schon einen Triumphzug durch die Talkshows unserer Breitengrade vorstellt, gelingt es seiner Gattin, sich durchzukämpfen, hatten doch die anderen Fotografen ihr Interesse am Italiener vorübergehend eingestellt. Ihr Foto gelingt, Oskar bekommt keine Mastroianni-Ohrfeige und weint der entgangenen Watschen noch heute nach.

Oskar bekommt die Tipps, wer denn nun in Wien sei, von zahlreichen Hotelangestellten. Bei diesen revanchiert er sich dafür mit kleinen Geschenken. Größere Geschenke überreicht er den diversen Stars. Das ist ihm ein gemeinsames Foto einfach wert. So geschehen auch mit Arnold Schwarzenegger. Um damals 700 Schilling ließ Oskar sich von einer Konditorei einen Terminator aus Schokolade formen. Mit diesem bewaffnet, sucht er Arnold Schwarzenegger in einem Wiener Hotel nahe der Staatsoper auf. Schwarzenegger, so Oskars Annahme, würde sich über die Schokoladefigur freuen, und einem gemeinsamen Foto stünde nichts mehr im Wege. Weit gefehlt! War Arnie mit dem falschen Fuß aufgestanden oder hatte ihn etwas anderes verstört, Arnie konfrontiert Oskar jedenfalls mit der steirisch bodenständigen Frage: „Was soll ich mit dem Scheiß?" – und wirft den Schokoladenterminator kurzerhand weg. Selbiger hinterlässt eine braune Bremsspur auf einem kostbaren Teppich.

Das Foto kommt irgendwie doch noch zu Stande, und Oskar verlässt Hotel, Terminator 1 (echt, in Fleisch und Blut) sowie Terminator 2 (aus Schokolade, auf einem Perserteppich dahinschmelzend) nachdenklich und ohne Freude.
Wochen später findet er eine Rechnung des Nobelhotels über die Teppichreinigung in seinem Briefkasten. „Die habe ich aber nicht bezahlt. Der Schwarzenegger hat doch die Figur auf den Boden geworfen. Soll der sie bezahlen! Der hat auch mehr Geld als ich." Diesem Argument beugt sich nach komplizierten und langwierigen Verhandlungen auch das Hotel.
Im selben Hotel passierte es auch, dass eine berühmte Opernsängerin zu Gast war. Sie sollte in einer Fernsehshow als Stargast auftreten. Oskar bekommt den Zund, verschafft sich einen Blumenstrauß, wirft sich in seinen Trachtenanzug, bewaffnet seine Frau mit dem familieneigenen Fotoapparat und macht sich auf den Weg ins Hotel. Erste und einzige Hürde für Oskar ist ein gewissenhafter Hotelportier.
„Wo wollen S' denn hin?"
„Na, zur Frau Kammersängerin XY."
„Die lässt ausrichten, dass sie niemand empfängt. Sie muss sich auf ihren Auftritt in der Show vorbereiten! Was wollen Sie denn von ihr?"
„Ich komme vom ORF und müsste ihr was ausrichten."
„Ja, wenn das so ist!" – Der Hotelportier wird eine Spur freundlicher und greift zum Telefon: „Ich werde sie anrufen."
„Gute Idee. Lassen Sie mich bitte gleich selber mit ihr reden!" gibt sich Oskar souverän und ergreift, nachdem die Verbindung hergestellt ist, den Telefonhörer.
„Gnädige Frau, Oskar Kainz hier. Küß die Hand. Ich hätte sie gerne gesprochen."
„Was wollen Sie denn von mir?"
„Es wäre wegen eines Fototermines."
„Das geht jetzt wirklich nicht. Ich habe keine Zeit und bin eigentlich schon zu spät dran. Entschuldigen Sie, ein anderes Mal vielleicht."
„Natürlich. Selbstverständlich, Frau Kammersängerin. Ganz wie Sie wünschen." Oskar legte auf.
„Und? Was hat s' gesagt?" – der Hotelportier.
„Wir sollen zu ihr kommen. Hat sie gesagt!"

Der Hotelportier nennt die Zimmernummer. Oskar und Gattin, er die Blumen, sie die Kamera, machen sich auf den Weg.
Klopf, klopf. Die Kammersängerin öffnet die Türe. Zwar zum größten Teil hinter dieser versteckt, aber doch – soweit Oskar und Gattin das auf den ersten Blick feststellen: nackt!!
Oskar verschlägt es die Sprache, seine Gattin nestelt verwirrt und nervös an der Fotokamera herum.
Die Kammersängerin ist als Erste bei Stimme: „Was wollen Sie von mir? Hilfe, Hilfe – zwei Verrückte wollen mich fotografieren! Hilfe, Hilfe!" gellt es durch das sonst so ehrbare und ruhige Haus. Oskar versucht seine Blumen der Sängerin in die Hand zu drücken, was ihm aber nicht gelingt, zumal diese mit beiden Händen ihre Blößen verdeckt. „Hilfe, Hilfe! Zwei Närrische mit einem Fotoapparat!" gellt die Stimme, die gewohnt war, große Opernhäuser zu füllen, durch den Gang. Oskars Gattin, weniger routiniert als er, findet in ihrer Aufregung den Auslöser an der Kamera nicht. Oskar selbst lässt seinen Blumenstrauß fallen. Jeden Moment könnte sich eine Türe öffnen, ein Hotelangestellter zu Hilfe kommen. Die Polizei! Das damit verbundene Aufsehen, jessas!
„Und dann sind wir gelaufen. Meine Frau habe ich an der Hand genommen. Die Stiegen runter, zwei Stockwerke, am Hotelportier vorbei und zum Ausgang. Hinaus, um das nächste Eck und weiter, bis uns die Luft ausgegangen ist. Dass die so reagiert! Na ja, wenn ich gewusst hätte, dass sie nackt ist. Wer denkt denn so etwas? Warum öffnet sie dann die Tür?"
Wer will denn so etwas? – muss sich Prinz Philip, der Gatte von Englands Königin Elizabeth, gedacht haben. Er war anlässlich eines Privatbesuches in Wien und wurde vollkommen unprotokollarisch von einem bebrillten Herrn im Trachtenanzug um ein gemeinsames Foto gebeten. Das sei unüblich, er würde bedauern, ließ der Prinz in seinem besten Deutsch mit englischem Akzent Oskar wissen. Dieser konterte in seinem besten Deutsch mit Wiener Akzent, dass es ebenfalls absolut unüblich sei, seinen Fotos zu entrinnen. Es würde ganz schnell gehen, wenn Hoheit nur ein paar Sekunden ...! Der Prinz, gar nicht „amused", wollte die Diskussion beenden, indem er sich von Oskar abwandte.
„Da bleibst stehen!" erinnerte sich dieser seiner demokratischen Wurzeln und fasste den fliehenden Monarchen am Rockzipfel. In

England hätte eine solche Tat möglicherweise die Grundfesten des „British Empire“ erschüttert. Bei uns in Österreich machte es nur „klick“, und Oskar hatte sein Foto.
Auf fünfzig bis hundert Gesangsauftritte jährlich kann Oskar verweisen. Den Durchbruch als Sänger hat er noch knapp vor sich, wenngleich ihm schon die Stadt Wien mit dem „Silbernen Ehrenzeichen“ sein Engagement um das Wienerlied dankte. Als Oskar jedenfalls seine erste Platte produziert hatte, es ist schon Jahre her, begab es sich, dass er gerade im Taxi unterwegs war. Zu später Stunde sagte der Moderator im Radio Oskars Platte an. Von einem jungen Sänger sei hier die Rede, der seine erste Platte aufgenommen habe und von dem noch Größeres zu erwarten sei.
Voller Stolz informierte Oskar den Taxilenker mit einem gütigen Lächeln, dass es sich dabei um ihn handle. Dieser drehte sich an der Ampel zu Oskar um und grantelte: „Gehen S', hören S' auf! Se san scho da zehnte Narrische heute, den i chauffier. I waaß a net, wos heute los is.“ Oskar zückte seinen Personalausweis, und es gelang ihm, den Taxler mühsam, aber doch von seiner Identität zu überzeugen. Dieser verzichtete quasi als Entschuldigung auf seinen Fuhrlohn. „Se müssen vastehen, gnädiga Herr, wenn ma den ganzn Tag mit Deppaten zu tuan hat, verliert ma am Abend den Überblick.“

DER

Herr Karl

NICHTS ARBEITEN
IST MEINE ARBEIT

Herr Karl sieht aus wie ein britischer Gentleman. Seine Haarfarbe hat sich zwischen Weiß und Grau eingependelt, sein Sakko dürfte um die 600 Euro gekostet haben. Edle Krawatte, goldumrandete Brille. Insgesamt dürfte er wohl an die 2000 Euro am Leib tragen. Bei einem heiteren Berufserraten könnte er als Nachrichtensprecher, höherer Politiker oder Millionär in Pension durchgehen. Der Schein trügt.

Herr Karl ist seit dreißig Jahren keiner steuerpflichtigen Arbeit nachgegangen. Und trotzdem immer ehrlich geblieben. Wie kam es dazu?

„Damals, vor dreißig Jahren", erinnert sich Karl, „habe ich einen Wechsel mitunterschrieben. Ein höherer Betrag. Als dieser fällig wurde, bin ich übrig geblieben. Ich habe zwar das Geld für den Wechsel nie gesehen, hätte aber diese Summe zurückzahlen müssen. In meiner damaligen wirtschaftlichen Lage ein Ding der Unmöglichkeit. Nachdem ich aber offiziell der Schuldner war, wäre alles gepfändet worden, was ich verdient hätte. Also musste ich zu arbeiten aufhören, um weiter leben zu können."

Die plötzliche Armut machte Karl erfinderisch. Woher Geld nehmen, wenn nicht stehlen? Ohne Rechnung, unangemeldet. Ein höchst kompliziertes Unterfangen. Seiner Weisheit letzter Schluss: Das Geld liegt auf der Straße! Folglich begab sich Herr Karl in die Innenstadt und sprach Touristen an. Ob er ihnen Wien zeigen dürfe? – Nach einem Rundgang bot er einen Heurigenbesuch an. „Typical for Vienna, you know?" Dort gab es dann für den Herrn Karl erst Gratisverköstigung, danach auch etwas „Schleppergeld". Essen und Trinken waren so gesichert. Das erste große Geld machte Herr Karl bei der Eishockey-WM in der Stadthalle. Er knüpfte während des Trainings Kontakte mit den Spielern und erbat sich deren abgenutzte Schläger. Bekam er gerne, und ein Autogramm auf den Schläger gab es noch gratis dazu. „Mit den Schlägern, an die fünfzig Stück

werden es wohl gewesen sein, bin ich dann ins Foyer. Dort haben mir hockeybegeisterte Zuschauer die Schläger abgekauft. Um 600 Schilling das Stück!"
Mit der für die damalige Zeit durchaus beachtlichen Summe von 30.000 Schilling konnte sich Herr Karl größeren Geschäften widmen. Er kaufte einen Restposten T-Shirts und Kinderpullover. Die vertrieb er in diversen Wirtshäusern. „Ich habe einen Karton auf den Tisch gestellt, die Leute haben sich was ausgesucht, und beim Bezahlen habe ich gesagt: Gib mir, was es dir wert ist! Das war dann meistens das Doppelte bis Dreifache von meinem Einkaufspreis. Aber immer noch billiger als im Geschäft." Wo Tauben sind, fliegen Tauben zu. Herr Karl bekam Kommissionsware. Schmuck, Autos, edle Lederwaren. Ob er denn einen Käufer dafür finden könne? Herr Karl konnte.
„Ein Freund von mir hat einen Rolls-Royce. Den habe ich mir ausgeborgt und Prominente damit durch Wien kutschiert. Den Elton John, Fats Domino und David Copperfield. Den Copperfield habe ich zum Riesenrad gebracht. Der ist mir dort eingeschlafen, so müde war er. Als Dankeschön habe ich wieder Freikarten für deren Shows erhalten. Gute Karten, die ich wieder teurer verkaufen konnte, weil die Vorstellungen meistens ausverkauft waren." Nachdem Herr Karl so seinen Meistergrad im Handel erreicht hatte, erinnerte er sich der Wurzel des Handels. Dem Tauschgeschäft! „Ich habe ja inzwischen genug Bekannte gehabt, habe gewusst, wer was sucht, was wem wie viel wert ist. Oft habe ich morgens ein Kilo Brot geschenkt bekommen und bin abends mit einem Fahrrad nach Hause gekommen."
„Das war nicht immer leicht. Glauben Sie mir: Nichts arbeiten ist auch eine Arbeit. Eine schwere Arbeit! Ich habe immer überlegen müssen, wie ich Geld aufstellen kann. Aber ich war nicht nur Nehmer, sondern auch ein Geber. Was ich gegeben habe, habe ich dann oft zehnfach zurückbekommen. Das unterscheidet mich auch von einem Schnorrer. Viele bezeichnen mich ja als den modernen Schnorrerkönig. Das stimmt aber nicht. Ich gebe wirklich auch sehr viel her!"
Als weitere Einnahmequelle erschloss sich die Welt der Pferde- und Hundewetten für Herrn Karl. Erst schickten ihn Freunde mit einem höheren Geldbetrag und der Bitte, selbigen auf ein bestimmtes Pferd oder einen Hund zu setzen, nach Frankreich und England. „Oft genug bin ich erst kurz vor Wettschluss dort angekommen, bin auf

die Rennbahn, habe schnell das Geld gesetzt und dann gerade noch miterlebt, wie das gesetzte Tier als Letzter in das Ziel gekommen ist. Oft genug aber auch als Erster. Ich habe natürlich auch eigenes Geld miteingesetzt."

Diese internationalen Wetteinsätze und der Kartenverkauf stagnierten für Herrn Karl, je mehr sich das Internet durchsetzte. Es wurde nicht mehr notwendig, sich an irgendwelchen Kassen in irgendwelchen Ländern anzustellen. Von seinen internationalen Wetterfahrungen profitiert er aber heute noch, und oft genug verbringt er ganze Tage in entsprechenden Lokalen.

„Irgendwann ist mir ein Brief vom Finanzamt in die Wohnung geflattert. Eine Vorladung. Man wollte wissen, wovon ich meinen Lebensunterhalt bestreite." Herr Karl nahm seinen Kaschmirmantel, den goldenen Kugelschreiber, sein Versacesakko, schlüpfte in die Maßschuhe und machte sich auf den Weg zur Behörde.

„Von was leben Sie eigentlich?"

„Vom Essen und Trinken, wie Sie auch!"

„Das müssen Sie mir schon genauer erklären!" – Herr Karl erklärte, dass er zahlreiche Freunde habe, bei denen er gratis essen könne, die ihm ihre Kleidung zur Verfügung stellen würden.

„Sie haben doch eine Krankenversicherung?" – „Ja!"

„Und dann die Betriebskosten für die Wohnung. Auto haben Sie auch. Für all das brauchen Sie Bargeld. Woher haben Sie das?"

Herr Karl lehnte sich zurück.

„Von meiner Freundin!"

„Aha!" – Der Finanzbeamte griff zum Kugelschreiber. „Wie heißt diese Frau und wo wohnt sie?"

„Das, fürchte ich, kann ich Ihnen nicht sagen."

Misstrauen zeigte sich in den Augen des Finanzbeamten.

„Wieso? Sie müssen mir Auskunft geben, und das wahrheitsgetreu! Ich mache Sie amtlich darauf aufmerksam!" wähnte sich der Finanzbeamte kurz vor dem Durchbruch.

„Ja, wissen Sie: Die Dame ist verheiratet. Reich verheiratet. Ich könnte ihre Ehe ruinieren, wenn ich Ihnen den Namen nennen würde. Abgesehen davon, dass ich sie sehr gerne habe, bin ich auf ihre Bargeldgeschenke angewiesen. Es tut mir wirklich Leid, aber ich kann Ihnen den Namen nicht nennen. Schließlich handelt es sich um eine bekannte Dame aus der Gesellschaft. Aus allerhöchsten Kreisen."

Der Beamte protokollierte die Aussage, Herr Karl unterschrieb – mit Vorbehalt, wie bei jeder Unterschrift – und ... das Glück war ihm hold. Er hörte nie mehr etwas von der Finanz.
Eines Tages entnahm Herr Karl einer Tageszeitung, dass sich Lady Di nebst ihren Söhnen Harry und William in Lech am Arlberg aufhält. Herr Karl, gerade mit der Organisation eines Zaubererfestivals beschäftigt, griff zum Telefon und rief das Hotel an. Ob die königliche Familie Interesse an einer Zaubervorführung hätte. Er könne mit zwei Zauberern vorbeikommen. Eine Viertelstunde später kam der Rückruf: Ja, man hätte Interesse. Noblesse oblige – Herr Karl borgte sich den Rolls-Royce aus und fuhr mit seinen beiden Magiern nach Lech. Dort bekamen sie Zimmer angewiesen, etwas zu essen und mitgeteilt, die königliche Familie sei so weit. Man könne beginnen.
„Das war in einem Nebenzimmer. Die Di ist neben mir gesessen. In Jeans und weitem Pullover. Erst habe ich geglaubt, sie ist das Kindermädchen. Auf den Oberschenkel hätte ich ihr greifen können, so nahe ist sie neben mir gesessen. Ihre zwei Buben waren ganz aufgeregt."
Die Vorstellung verlief zur Zufriedenheit der Engländer, und als Dank gab es ein Foto von Di mit ihren beiden Söhnen. „Nur – wir waren ja zu dritt. Da hätte sich jeder ein Stückerl davon abschneiden müssen."
Am Tag darauf frühstückte man, freute sich der Dinge und wollte wieder zurück nach Wien. Bei der Verabschiedung fingerte der Hotelier in seinen Unterlagen und präsentierte die Rechnung für Übernachtung und Essen.
„Ich war perplex. Das ganze Hotel war nur für die Di und ihre Begleitung reserviert. Außer uns hat kein Fremder dort übernachten oder essen dürfen. Na ja, ich habe dann trotzdem bezahlt. Dabei bin ich überzeugt, dass der Hotelier das doppelt verrechnet hat. Aber wie soll ich das beweisen?"
Einen Wunsch möchte Herr Karl noch unterbringen: „Ich würde gerne mit einer Fernsehanstalt eine Wette eingehen. Die können mich irgendwo auf der Welt in einer Stadt absetzen. Ich nehme mir nur ganz wenige Tauschgegenstände mit. Kein Bargeld, keine Zusatzkleidung. Das Fernsehen kann alles mit einer versteckten Kamera mitfilmen. Und wetten: Nach zwei Wochen komme ich reicher zurück als ich dort angekommen bin!"
Die Wette ist noch offen.

Helmut

VON FERNEN LÄNDERN

Am Naschmarkt, schräg vis-à-vis vom Theater an der Wien, befindet sich ein Lokal namens „Eiserne Zeit“. Weiße Schriftzüge auf einer schwarzen Tafel weisen in bestem Englisch darauf hin, dass es sich hierbei um das älteste „Pub“ auf dem Markt handle. Geführt wird das Gasthaus von zwei Herren: Helmut dem Älteren und Helmut dem Jüngeren. Letzterer ist gelernter Graphiker, Ersterer geprüfter Malermeister. Diesem wenden wir unsere Aufmerksamkeit zu:
Helmut der Ältere kam in der Steiermark auf einem Bauernhof zur Welt. Er war eines von elf Kindern. Geld war Mangelware, an eine teure Ausbildung nicht einmal zu denken. Fleißig war er, der Helmut, und so schaffte er es schnell zum Malergesellen und in der Folge zum Malermeister. In dieser Zeit erregte ein Inserat Helmuts Aufmerksamkeit. Anfang der 60er Jahre war das. Helmut las: „Kommen Sie in das Land der unbegrenzten Möglichkeiten! Schiffspassage wird bezahlt. Abgeschlossene Berufsausbildung ist Voraussetzung.“

Helmut sah im Inserat eine Möglichkeit, der Enge des elterlichen Bauernhofes in die Weiten Australiens zu entkommen. Er bewarb sich, bekam einen Job, verzichtete auf die lange Schiffsüberfahrt und setzte sich mit anderen Ausreisewilligen in eine nach Australien fliegende Propellermaschine. Um die zwanzig Jahre war er damals alt. Aufgeregt und voller Hoffnungen.

„Dort hat es mir aber nicht sonderlich gefallen. Deswegen bin ich, nach zwei Jahren in Australien nach Papua-Neuguinea umgezogen. Als Entwicklungshelfer. Ich sollte den Leuten dort den Malerberuf beibringen."

Nach zwei Monaten auf Papua-Neuguinea, Helmut hatte sich schon ganz gut eingelebt, wollte er endlich zu arbeiten beginnen. Auf seine Anfrage, wo denn die Schüler seien, bekam er zur Antwort, die müsse er sich selber suchen. Also begann er zu suchen und wurde auch bald fündig: auf dem Hochland, im Busch. Elektrischen Strom gab es dort keinen, die von einer australischen Leihbibliothek entliehenen und nie mehr zurückgegebenen Bücher las er im Lichtschein einer Kerosinlampe, manchmal auch einer Kerze. Die paar Schüler, die er hatte, wies er morgens an, überprüfte sie einmal täglich und widmete den Rest seiner Zeit der Gesellschaftspflege. „Ein paar Ausländer hat es dort ja gegeben. Da haben sich manchmal Sachen abgespielt! Ich war Junggeselle, die Ehemänner der Frauen irgendwo tagelang im Busch unterwegs. Mir war es egal, ich wurde bei der Frauenwelt zum lebenden Wanderpokal."

Neben der Handvoll Frauen galt Helmuts Interesse dem Land und den Eingeborenen. „Die Sprache habe ich gleich gar nicht zu lernen probiert. Zu meiner Zeit hat es dort 625 verschiedene Sprachen oder Dialekte gegeben. Fast in jedem Dorf haben sie anders gesprochen. Die Männer haben Paradiesvogelfedern als Schmuck getragen. Frauen gingen oben ohne. Um die Leibesmitte haben die meisten einen Lendenschurz getragen, wer sich das nicht leisten konnte, trug eine kleine Strohmatte. Die Frauen waren alle ziemlich dick. Hauptnahrungsmittel war die Süßkartoffel, eine eher aufschwemmende Ackerfrucht. Geld hat es keines gegeben. Als Währung galten Schweine oder eine spezielle Muschelart. Vielweiberei war noch üblich. Für ein gesundes Mädchen mit schönen Zähnen musste man fünf Schweine bezahlen. Ein Preis, den die

Männer nur allzu gern zahlten. Die haben ja nichts gearbeitet. Der Mann hat als Zeichen seiner Autorität einen langen Stab gehabt. Damit ist er seinen Frauen immer vorausgegangen. Manche haben bis zu zehn und mehr Frauen gehabt. Die Frauen haben Körbe auf ihren Köpfen getragen, und so ist man aufs familieneigene Feld gezogen. Der Mann hat es sich im Schatten eines Baumes bequem gemacht und seinen Frauen bei der Feldarbeit zugesehen. Bis zu vierzig Grad hat es oft gehabt. Wenn der Mann etwas von einer Frau wollte, hat er einfach gepfiffen. Jede Frau hat ihren eigenen Pfiff gehabt, und wenn sie diesen hörte, wusste sie, dass sie zu ihrem Mann kommen muss. Der hat ihr dann seine Wünsche oder Befehle gesagt."

Versorgt wurde Helmut per Flugzeug und von Australien aus. Einmal pro Tag hatte er Funkkontakt mit dem dortigen Hauptquartier. So erfuhr er Neuigkeiten und konnte Bestellungen aufgeben. War es zu sehr bewölkt, konnte der Flieger nicht landen, und Helmut war gezwungen, seinen Proviant sorgsam einzuteilen. Fleisch wurde tiefgefroren angeliefert und musste schnellstens verzehrt werden. Hin und wieder warf ein Pilot einige Packungen Sandwichbrot über Helmuts Hütte ab. Für Helmut eine willkommene Delikatesse.

Einmal kam er zu einem Suppenhuhn. Ein für die Buschbewohner unbekanntes Wesen. Es wurde lebend angeliefert. Helmut instruierte seine Köchin, dass man die Federn gut rupfen müsse und das Tier dann knappe zwei Stunden kochen. Irgendwas muss die Köchin, man sprach Pidginenglisch, nicht verstanden haben. Als Helmut abends wieder zurückkam, gackerte ihm das unglückliche Huhn aufgeregt entgegen. Ohne Federn!

Bis 1967 blieb Helmut auf Papua-Neuguinea. Dann kehrte er wieder nach Österreich zurück und wurde in Wien Gastwirt. Wie es das Schicksal so wollte, lernte er während seines Wienaufenthaltes eine Australierin kennen und lieben. 1981 ging er mit seiner Frau nach Sydney und gründete eine „Kuchenerzeugung". Mit österreichischen Rezepten und siebenundzwanzig Mitarbeitern kam er bald zu einigem Wohlstand. Die Ehe zerbrach, und 1996 zog es Helmut wieder nach Wien. Er beteiligte sich an der „Eisernen Zeit" auf dem Naschmarkt. Wegen seiner bodenständigen Küche, den erlesenen Weinen und dem illustren Publikum aus allen Bevöl-

kerungsschichten ist das Wirtshaus ein beliebter Treffpunkt geworden.
Ist Helmut guter Laune und spricht man ihn an, erzählt er gerne von seiner Zeit auf Papua-Neuguinea und schwärmt davon, in den nächsten Jahren wieder einmal dorthin zu fliegen. „Obwohl inzwischen vieles anders geworden ist. Man hat Erdgas und andere Rohstoffe dort entdeckt. Die Leute sind gierig geworden und haben sich zerstritten. Die Zivilisation hat neue Krankheiten in das Land gebracht. Aber trotz allem: Für mich ist es das schönste Land der Erde!"
An seinem 60. Geburtstag am 4. März 2004 ließ Helmut es noch einmal tuschen. Er ließ sich bei Gulasch und Freibier in seiner „Eisernen Zeit" feiern. „Das war ein Wahnsinn", sagt er beim Fototermin. „Alle sind sie gekommen. Die Bude war brechend voll. Musik haben wir gehabt, und ab 18 Uhr habe ich mir Sorgen gemacht, wie ich die Gäste langsam aus dem Lokal bringe. Es wollte ja keiner gehen! Irgendwann gegen Mitternacht habe ich dann die letzten Gäste aus dem Lokal bugsieren können. Weißt du, es ist einfach schön, wenn man im Alter bemerkt, dass man so viele Freunde hat." Eine junge Dame gesellt sich zu uns an den Tisch und begrüßt Helmut mit einem Kuss. Ich hebe die Augenbrauen und will schon „Aha, die Schöne und das Biest" sagen. Zum Glück sage ich es nicht, denn Helmut stellt mir die junge Schönheit vor: „Das ist meine Tochter aus Australien. Sie ist extra zu meinem 60er von Australien nach Wien geflogen. Kannst du dir das vorstellen?"
Er hat sie noch im Griff. Die Welt zwischen Papua-Neuguinea, Australien und dem Wiener Naschmarkt. Der inzwischen grauhaarige Wolf aus der Steiermark, der einst auswanderte, um die Welt zu erobern.

Brigitte

DIE PERSISCHE HOCHZEIT

Wir treffen uns in einem Kaffeehaus. Da, wo Brigitte unbekannt ist, wo niemand sieht, dass sie die Geschichte ihres Lebens in ein Mikrophon erzählt. Es soll eine Überraschung werden für ihren Mann. Einen Perser, dessen Geburtstag gerade bevorsteht. Brigitte möchte ihn mit dem Radiointerview überraschen, ihm sagen, dass sie ihn noch mehr liebt als damals vor Jahrzehnten, als sie ihm zum ersten Mal begegnete. Damals an jenem denkwürdigen Tag im Casino, der Brigittes Leben für immer verändern sollte.

„Wer auf sich gehalten hat, ist hin und wieder ins Casino gegangen. Eine prachtvolle, luxuriöse Atmosphäre. Eine fremde Welt, die einen die Tristesse der eigenen Wohnung vergessen ließ“, erzählt Brigitte. „Ich war damals kaufmännische Angestellte. Kleinere Beträge habe ich gesetzt. Mir ist es mehr um die Atmosphäre als um das Spiel gegangen. Außerdem ist man dort nicht dauernd von Männern angemacht worden. Es ging alles sehr kultiviert zu.“

Ob Brigitte nun Glück im Spiel hatte oder Pech, weiß sie nicht mehr. In der Liebe hatte sie es jedenfalls.

„Da seh' ich plötzlich im Casino einen schwarzhaarigen Mann. Dunkle Haut, feurige schwarze Augen, schlank und groß, ein sportlicher Typ. War das eine Erscheinung! Mir ist gleich ganz schummerig geworden. Ich habe sofort gespürt: Das ist er! Der Mann meiner Träume, mein Prinz aus dem Orient! Den muss ich kennen lernen.“

Mit den Waffen einer Frau kämpfend, gelang es Brigitte noch am selben Abend, mit ihrem Märchenprinzen ins Gespräch zu kommen. Architekturstudent sei er, aus dem Iran. Er wolle auch wieder in seine Heimat zurück, müsse aber erst die moderne westliche Architektur studieren, um sie mit der iranischen verschmelzen zu können.

„Bei mir war es wirklich die berühmte Liebe auf den ersten Blick. Der hat Gefühle in mir erweckt, von denen habe ich bis dahin gar nicht gewusst, dass es sie gibt. Er hat wenig Kontakt zu Österreichern gehabt, und ich mit meinen blonden Haaren und blauen Augen habe ihm auch gleich gefallen. Es hat nicht lange gedauert, und wir

waren ein Liebespaar", schwelgt Brigitte in angenehmen Erinnerungen. „Er war so lieb und schüchtern damals!"
Ein paar Monate später flogen beide in den Iran. Brigitte wollte die Heimat ihres Freundes kennen lernen, der Familie vorgestellt werden. „‚Bist deppert?' haben mich meine Freundinnen gefragt. ‚Der verkauft dich da unten, oder wer weiß, was sonst noch passiert!' – Mir war das egal. Ich wollte seine Heimat kennen lernen und ihn möglichst schnell heiraten. Meiner Familie habe ich gleich gar nichts davon erzählt. Die hätten mich nie nach Persien fahren lassen."
Skepsis erwartete Brigitte auch im Iran. Das könne nicht gut gehen mit einer Österreicherin, ließ man anklingen. Beider Mentalität würde aneinander scheitern, gab man zu bedenken. Zwei Religionen stünden sich gegenüber. Aber letzten Endes müssten die beiden selbst wissen, wie es weitergehen solle. Im Übrigen möge Brigitte, solange sie im Iran sei, einen Schleier tragen. Das geböten gute Sitte und Landesbrauch. „Alles hätte ich gemacht", lächelt Brigitte und nippt an ihrem Kaffee. „Ich habe nur eines gewusst: Ich will diesen Mann heiraten! Um alles in der Welt! Und zwar jetzt, während unseres gemeinsamen Urlaubes. Die nötigen Dokumente habe ich dabei gehabt." Brigittes Ehemann in spe hatte nichts dagegen. Es gelang ihm ziemlich schnell, den Segen seiner Familie für die Eheschließung zu bekommen. Brigittes Anpassungsfähigkeit und Charme mögen einen Teil dazu beigetragen haben.
„Ja, und damit haben die Probleme angefangen. Erst habe ich zum Islam übertreten müssen. Wir sind also zum Mullah gegangen. Der war damit einverstanden, die Aufnahmezeremonie durchzuführen. Nur – ich habe dafür drei Suren aus dem Koran sagen müssen. Auf Arabisch! Dabei kann ich nicht einmal Englisch und habe überhaupt kein Sprachentalent. Wir haben zu Hause geübt und geübt. Immer wieder haben sie mir die erwünschten Suren vorgesagt, ich habe sie nachgestammelt, so gut ich eben konnte. Dann sind wir wieder zum Mullah. Wie ich dann die drei Suren hätte sagen müssen, habe ich kein Wort herausgebracht. Es ist nicht gegangen. Kein Wort habe ich mir gemerkt. Nicht einmal herumgestottert habe ich. Die Suren waren weg – ich habe alles vergessen gehabt. Wie weggewischt war alles. Mir war das so was von peinlich. Muss ich dumm dreingeschaut haben!"

Der Mullah ermahnte Brigitte und schickte sie wieder nach Hause. Sie möge die Suren lernen, sonst sei kein Übertritt zum Islam möglich! Also ging es wieder von vorne los! Man sprach Brigitte die Suren langsam vor, Brigitte versuchte nachzusagen. Es funktionierte nicht! Brigittes Stimmbänder und Zunge wehrten sich gegen die arabischen Kehllaute. „Dabei habe ich mich so sehr bemüht. Ich wollte ja unbedingt heiraten, und ich habe gewusst: Ohne Suren kein Islam, ohne Islam keine Hochzeit. Dann sind wir wieder zum Mullah. Ich habe geschwitzt. Mein Herz war kurz vorm Zerspringen. Mein Gott, war ich nervös. Es ist ja um mein Leben gegangen, um meine Zukunft, um meinen Mann! Ich wollte mich nicht schon wieder blamieren."

Der Mullah begann die Zeremonie. Sprach Worte, die Brigitte nicht verstand. Diese kniete vor dem Mullah und zitterte vor Nervosität unter ihrem Schleier. „Wie sind die Suren noch gegangen? Verflixt noch einmal! Ich habe sie doch vor einer Stunde noch mit meinem Verlobten geübt. Und da habe ich sie nachsagen können. Halbwegs zumindest!" Kalt und warm, ähnlich einem Fieberschauer durchrieselte es Brigitte. Angst vor einem neuerlichen Versagen stieg in ihr auf. Dann kam der feierliche Moment. Brigitte spürte eine Hand auf der Schulter. Das war das Zeichen. Jetzt, so hatte man ihr eingetrichtert, müsse sie die Suren aufsagen. Brigitte holte tief Atem, beugte den Kopf etwas tiefer und setzte an: „All ... All ... Allah ... Allah." Aus war´s, vorbei! Weg waren die tagelang einstudierten Suren. Brigitte fuhr alles Mögliche durch den Kopf, nicht aber die Suren. Sie sah sich wieder in Österreich, unverheiratet, vom Traummann verlassen. Geächtet! Von der eigenen Familie verspottet, von den Freunden verhöhnt. Ein Fiasko zeichnete sich ab. Brigitte wäre am liebsten sofort gestorben. Hatte sich denn alles gegen sie verschworen? Sollte ihr größter Herzenswunsch nicht in Erfüllung gehen?
Tränen sammelten sich in ihren Augen, nässten ihren Schleier. Das muss den Mullah berührt haben. Er sah Brigittes Bemühen, sah ihre Verzweiflung. Allah ist groß. Sein Wille geschehe! Er gestattete Brigittes Freund, ihr die Suren langsam Wort für Wort vorzusagen. Wie ein Rinnsal zum Fluss wird, brachen die Worte aus Brigitte heraus. Erst zögernd, dann immer schneller. Fehlerhaft war Brigittes Aussprache immer noch, aber es gelang ihr. Irgendwie hantelte sie sich durch die Suren. Der gestrenge Mullah akzeptierte, und Brigitte gehörte der Gemeinde des Islam an. Jetzt konnte endlich geheiratet werden!
„Das ist aber auch nicht so leicht gegangen!" stolpert Brigitte auf die nächste Hürde zu. „Das war in einer kleinen Stadt. Wir gehen also in der Früh zum zuständigen Mullah. Ich im Schleier wie immer. Den Termin hat mein Mann ausgemacht. Ob wir einen Übersetzer dabei hätten? – Haben wir natürlich nicht gehabt. Ohne Übersetzer aber keine Hochzeit! Ich musste ja Fragen beantworten können. Die Hochzeit war ein Rechtsakt mit vielen Konsequenzen. Und wenn ich da etwas nicht oder falsch verstehe ...?"
So ginge es nicht, beschied man dem heiratswilligen Paar. Man würde von Amts wegen einen Übersetzer besorgen. Das Paar möge

sich in einigen Stunden wieder einstellen. Nach einem ausgiebigen Spaziergang in der mittlerweile prallen Sonne kehrte Brigitte mit Anhang erwartungsvoll zum Mullah zurück. Leider, man habe noch keinen Übersetzer gefunden. Das Paar möge sich noch gedulden. Man sei zuversichtlich. Ein paar Stunden nur noch und dann ... habe man gewiss ... aber man sei hier in einer Kleinstadt. Da sei es doch unerwartet schwieriger als vorerst angenommen. Ja, in Teheran hätte man schon längst, aber hier? Man werde bestimmt eine Lösung finden. Nur noch etwas Geduld!

Beim dritten Anlauf, Allahs Sternenteppich begann bereits die Nacht zu erhellen, fand man einen ratlosen Mullah vor. Weder in der Stadt noch in den Nachbardörfern sei jemand der deutschen Sprache kundig. Die Hochzeit also beim besten Willen nicht durchführbar. Enttäuschung machte sich in Brigittes Gesicht breit. Und wenn ihr zukünftiger Mann übersetzen würde? – Ja, wenn Brigitte das erlauben würde, das wäre machbar! Alle Probleme auf einen Schlag gelöst.

Und ob Brigitte erlaubte!

„Ich habe schon gewusst, auf was ich mich da einlasse! Der hätte mir natürlich alles Mögliche übersetzen können. Ich habe ja kein Wort verstanden. Aber ich habe ihm vertraut. Und ich wollte wirklich nur eines: Diesen Mann so schnell wie möglich heiraten." Die Trauung konnte also beginnen.

„Die haben mich gefragt, welche Ansprüche ich stelle, wenn mein Mann sich scheiden lassen möchte. Im Iran ist das üblich, dass man alles vorher klärt, damit es im Ernstfall später nicht zu Streitigkeiten kommt. Mein Mann ist auch gefragt worden, was er mir bei einer Scheidung geben würde. Er hat mir ‚Milch und Honig und einen Rosengarten aus Zuckerguss' versprochen. Ich habe nichts verlangt. Ich war mit allem einverstanden. Er hat ja nichts gehabt. Was hätte er mir versprechen sollen? Außerdem hat er mich durch die Heirat zur glücklichsten Frau der Welt gemacht!"

Brigitte hatte ihr Ziel erreicht und schwebte auf rosafarbenen Wolken. Als Junggesellin in den Urlaub gefahren, kehrte sie als Mohammedanerin und verheiratet wieder nach Wien zurück. Der überraschte Bekanntenkreis, die eigene Familie – alle reagierten mit Kopfschütteln. Das wird nicht lange gut gehen, war die vorherrschende Überzeugung. Da habe Brigitte eine Dummheit begangen.

Nun sei guter Rat teuer und eine baldige Scheidung zu erwarten. Man wisse schließlich, wie persische Männer seien. Despotisch und stets zur Gewalt neigend. Scheidung oder Harem, das sei hier die Frage!

Gut ist es gegangen, nichts ist geschehen. Brigitte bekam einen, mittlerweile mit Vorzugszeugnissen studierenden Sohn, man baute sich gemeinsam ein gut gehendes Lokal auf, und der Himmel schwebt immer noch voller Geigen für Brigitte und ihren Mann.

Düstere Erfahrungen gab es natürlich auch. „Als unser Sohn auf die Welt gekommen ist, mussten wir ihn in den Iran bringen, um ihn der dortigen Familie zu zeigen. Mein Mann ist vorausgeflogen. Ich bin ein paar Tage später nach. Über Moskau.

Dort haben wir keinen Anschlussflug bekommen, weil sich der Irak und der Iran gerade wieder heftig bekämpften. Über dem Iran gab es Flugverbot. Die Telefonverbindungen in den Iran haben auch nicht funktioniert. Ich sitze also auf dem Flughafen in Moskau und denke mir: Was mache ich jetzt? Die warten auf mich und werden sich Sorgen machen. Na, da habe ich herausgefunden, dass es einen Zug in den Iran gibt. Den habe ich dann genommen. Für den Buben habe ich nur ein paar Kekse mitbekommen und etwas Tee. Der Zug war überfüllt, und zusammengekauert in einem Eck sind wir in Richtung Iran abgefahren. An der Grenze wollten mir die Russen mein Reisegeld abnehmen. Habe ich gestritten mit den Beamten! Irgendwann bin ich dann zu einem Chef geführt worden. Der hat mich nicht verstanden, ich ihn nicht – aber mein Geld haben sie mir zurückgegeben! Die Zugfenster sind dann im Iran abgedunkelt worden, und es hat nur Notbeleuchtung gegeben. Auf einem Bahnhof ist es mir endlich gelungen, meine persische Familie anzurufen. Die haben mich gar nicht mehr erwartet. Mein Mann hat sich Sorgen gemacht, weil er tagelang nichts von uns gehört hat. Aber schließlich ist doch noch alles gut gegangen. Angst habe ich natürlich gehabt. Weniger um mein Leben als um das meines Sohnes. Und dass ich meinen Mann vielleicht nie wieder sehe ..."

Aber das sei alles überstanden, blickt Brigitte auf die Uhr. Sie muss jetzt gehen. Ihren Mann im Lokal ablösen. Und ob das Interview wirklich am Geburtstag des Mannes ausgestrahlt würde? Sie möchte ihn damit überraschen. Ganz verliebt und voll Vorfreude schaut sie aus.

Freddy

DER PILOT DES KÖNIGS

Freddy ist gerade in New York. Aber wenn er zurückkommt. Freddy bedauert. Er muss nach Frankfurt. Dort gehört er zu den wenigen, die Piloten am Simulator ausbilden. Aber wenn Freddy wieder aus Kapstadt zurück ist. Dann hat er ein paar Tage frei! Dann müsste es sich ausgehen! Es geht sich aus. Freddy sitzt mir gegenüber. Mit ihm seine Gattin. Sie stammt aus dem Libanon und spricht sieben, acht Sprachen. In einigen kann Freddy auch mithalten. Ihr gefällt es in Wien. Freddy auch. Deswegen pendelt er immer von Frankfurt, seinem Heimatflughafen, nach Wien. Zu Hause ist Freddy auf der ganzen Welt. Wie es sich für einen Langstreckenpiloten gehört.

Der Traum vom Fliegen ist Freddy in die Wiege gelegt worden. Nicht aber die Möglichkeiten. „Angefangen hat es beim Bundesheer. Ich habe mich dort zum Flugzeugmechaniker ausbilden lassen. Meinen ersten Pilotenschein habe ich noch privat gemacht. Den nächsten

dann beim Heer, und so habe ich mich langsam hinaufgearbeitet. Ich wollte ja Pilot und nicht Flugzeugmechaniker werden!"
Die Kombination Pilot/Mechaniker führte zu Freddys erstem Job. „Ich sollte für eine internationale Organisation Vermessungsflüge durchführen. Auf einer einmotorigen Maschine sind wir zu zweit geflogen. Von Nordafrika ausgehend sind wir dann ..."
Freddy zählt die Länder Afrikas auf. Von Marokko über Mali bis zum Äquator und bis nach Syrien und Ägypten. „Wir haben Geld gehabt, wir haben Zeit gehabt. Von Ägypten sind wir dann dieselbe Strecke wieder zurückgeflogen. Eine wunderschöne Zeit. In der Folge bin ich dann ganz Afrika abgeflogen. Allein mit meiner Einmotorigen." Verschiedene Arbeitgeber fragten bei Freddy an. Ob er die Strecke übernehmen könne, da einspringen, die Fracht von hier nach dort fliegen. Freddy konnte. In einem früheren Leben, so es das gibt, muss Freddy ein Zugvogel gewesen sein. Nach mehreren Landungen im Libanon landete Freddy ebendort noch einmal – im Hafen der Ehe.
Ein Angebot, für die jordanische Fluglinie zu fliegen, kam für den frisch verheirateten Freddy gerade zur rechten Zeit. Er hatte damit die Chance, wieder sesshaft zu werden. Man mietete sich ein Häuschen unweit des Flughafens, stellte einen Houseboy ein. Eine Tochter komplettierte das Familienglück.
„Dann sind wir einmal entführt worden. Da steht plötzlich einer neben mir im Cockpit, hält mir ein Messer an und sagt, er will nach Mogadischu. Ich habe kontrolliert, ob der Treibstoff reicht, habe ihm gesagt, das ist nicht möglich.
Der war ganz aufgeregt. Wir müssen es versuchen! Wenn nicht, seien wir alle dem Tod geweiht! Bin ich halt geflogen. Wo es gegangen ist, über das Meer. Nur für den Fall, dass was explodiert und wir abstürzen. In Mogadischu haben's den armen Irren dann eingesperrt. Ich weiß nicht, was aus ihm geworden ist."
Zurück in Amman, empfing der jordanische König Hussein die Flugzeugcrew, gratulierte zum mutigen Verhalten und lud alle in seinen Palast ein. Jeder bekam ein Geschenk und einen königlichen Händedruck. Freddy, von jordanischen Piloten bisher eher mit Distanz behandelt, stieg in der Achtung seiner Kollegen. „Die waren ja alle miteinander verwandt oder verschwägert und hatten gute Kontakte ins Königshaus."

Eines Morgens äußerte Freddys Frau dann den Verdacht: „Ich glaube, unser Telefon wird abgehört. Das rauscht und knackst immer so komisch!" – „Geh, wer soll uns denn abhören? Das ist vielleicht eine technische Störung", versuchte Freddy zu erklären. Unsicher geworden, überprüfte er sein Telefon. Ja, da waren schon unerklärbare Nebentöne zu hören. Auch der Houseboy grinste neuerdings so geheimnisvoll. Aber was soll's? Weder Freddy noch seine Frau hatten etwas zu verbergen.

Ein paar Wochen später hielt ein Konvoi aus Polizei und Militär vor Freddys Haus. Ein Offizier, dessen Orden einen höheren Rang andeuteten, befahl Freddy, mitzukommen. Der hatte gerade noch so viel Zeit, seiner Frau zu sagen, dass er nicht wisse, wohin man ihn bringen würde und warum schon gar nicht. Freddy wurde in einen Jeep verfrachtet. Über erst holprige, dann immer besser asphaltierte Straßen ging es nach Amman. Freddy war verunsichert. Er war sich keiner Schuld bewusst, aber irgendwas musste man ihm anlasten. Wie sonst wäre der aufwändige Konvoi zu erklären? So sehr Freddy auch grübelte, er fand keine Erklärung. Das Ziel der Fahrt verstörte Freddy noch mehr. Es war der königliche Palast.

Der König wolle ihn sprechen, wurde einem zitternden Freddy mitgeteilt. Nach einigen Minuten Wartezeit war es dann so weit. Freddy wurde in die königlichen Gemächer geführt. „Sie müssen entschuldigen", eröffnete der König das Gespräch. „Wir haben in den letzten Monaten Ihr Telefon abgehört und Sie überwacht. Auch im Ausland haben wir Erkundigungen über Sie eingeholt. Das war notwendig, um Ihnen ein Angebot zu machen: Ich suche einen Piloten für mein Flugzeug – und habe Sie in Erwägung gezogen. Trauen Sie sich das zu?"

Freddy wusste nicht, wie ihm geschah. War alles nur ein Traum, aus dem er bald erwachen würde? Ein Scherz? Ein Missverständnis? „Hoheit, das wäre mir eine ganz große Ehre. Und ich werde mich bemühen, das mir entgegengebrachte Vertrauen nicht zu enttäuschen", stammelte Freddy, während sein Herz Luftsprünge machte. Er, der Privatpilot des jordanischen Königs! Der ehemalige Flugzeugmechaniker im Cockpit der Royal Jordanian Number One. Wie sich später herausstellen sollte, war der König im Zuge der Flugzeugentführung auf Freddy aufmerksam geworden. Der König bewunderte

Freddys ruhige Reaktionen und Nervenstärke. Es gab zwar genug jordanische Bewerber für den Job des königlichen Privatpiloten, der König wünschte aber einen Ausländer, um keinen Konkurrenzneid unter seinen Untertanen zu schüren.
„Der König hat so ein starkes Charisma gehabt. Er war ein wirklich weiser Übervater für sein Volk. Seine Entscheidungen waren immer gut überlegt und durchdacht. Und er hat immer so eine Kraft ausgestrahlt. Wie ein Gandhi oder Mandela. Eine faszinierende Persönlichkeit", lobt Freddy den Monarchen.
Wieder zu Hause, wollte Freddy seiner Frau die aufregende Neuigkeit mitteilen. Die wusste aber schon alles! Der Houseboy hatte sie aufgeklärt. Er sei vom jordanischen Geheimdienst, und seine Aufgabe sei gewesen, Freddy und sie zu überwachen. Nun habe man Freddy mit dem Konvoi abgeholt, um ihm ein Angebot zu machen, das er nicht ablehnen könne. Wenn er bei rechtem Verstand sei!
In den Tagen darauf wurde Freddy mit der Maschine des Königs vertraut gemacht. „Den Typ bin ich sowieso schon oft geflogen. Aber die Sicherheitsbestimmungen, die habe ich alle lernen müssen. Erstens musste ich rund um die Uhr abrufbereit sein. Ich bin immer angerufen worden, ich solle zum Flughafen kommen. Wohin der Flug ging, habe ich aus Sicherheitsgründen erst im Flugzeug gesagt bekommen. Von der Abflugszeit her habe ich mir ausrechnen können, ob es ein längerer oder ein kürzerer Flug wird. Nachtflüge gingen immer weiter weg, bei Flügen am Morgen sind wir in Nachbarstaaten geflogen oder waren nur innerhalb Jordaniens unterwegs. Die Flughöhe in Jordanien war um die tausend Meter, damit das Flugzeug nicht von einem möglicherweise feindlichen Radar erfasst werden kann. Der Luftraum wurde für Privatflugzeuge gesperrt, wenn der König unterwegs war. Schön waren auch Landung und Start: Man wird ja immer von den Fluglotsen angewiesen, und die zeigen bei schlechter Laune manchen Piloten, wer der Herr im Haus ist. Lassen einen ewig kreisen, geben die unmöglichsten Landebahnen frei. Nicht so bei der Royal Jordanian One. Ich musste nur mein ‚Jordanian One, ready for take off' durchgeben und die von mir gewünschte Startbahn. Da gab es keinen Widerspruch!"
Jetzt weiß aber jeder Illustriertenleser, dass der jordanische König selber ausgebildeter Kampf- und Linienpilot war. Wie war es damit, Freddy?

„Ja, der König ist oft zu mir in das Cockpit gekommen und hat mich gefragt, ob er landen darf. Was hätte ich ihm sagen sollen? Nein, geht nicht?“ lächelt Freddy. „Ich gebe ihm also den Steuerknüppel in die Hand und lasse ihn landen. Manchmal hat es ganz schön gerumpelt. Dann hat mich der König schelmisch angeschaut und gefragt: ‚Wie war ich?‘ – ‚Hervorragend, Majestät. Wie immer, wenn Majestät selber landen!‘ – ‚Na ja, aber die Piste war etwas zu kurz für mich‘, pflegte der König dann festzustellen. Er hat ja auch nicht die notwendige Routine gehabt“, entschuldigt Freddy seinen damaligen Arbeitgeber posthum.
„Im Cockpit war das Rauchen gestattet“, gibt Freddy dann noch eine Anekdote drauf. „Im Passagierraum war es aus Sicherheitsgründen nicht gestattet. Als der König wieder einmal bei mir im Cockpit sitzt, schaut er ganz hungrig auf meine Zigarette. Er war ja ein starker Raucher. Denke ich mir, ich biete ihm eine an. Der König fragt seinen Sicherheitsoffizier etwas, dreht sich zu mir um und lehnt ab: ‚Mein Sicherheitsoffizier verbietet mir das Rauchen‘, sagt er. Da sehen Sie, dass sogar einem König manchmal etwas im eigenen Land verboten werden kann.“
Am liebsten flog Freddy seinen König nach Wien. „Da habe ich mich dann mit Speck und Wein eingedeckt. Kistenweise. Alles Dinge, die man in Jordanien nicht so leicht, wenn überhaupt, bekommen konnte. Das königliche Gepäck wurde in Jordanien selbstverständlich nie vom Zoll kontrolliert. Nicht einmal unsere Reisepässe. Im königlichen Palast habe ich dann meine Kisten mit dem Speck und dem Wein wieder abgeholt. Alles hätte ich nach Jordanien schmuggeln können! Aber mir hat es gereicht, wenn ich ein gutes Hausgeselchtes und einen guten Schluck Wein für meine Gäste haben konnte.“
Einmal geschah es auch, dass der damalige österreichische Bundespräsident Rudolf Kirchschläger zu einem Staatsbesuch in Jordanien war. „Der König hat ihn zu einem Jordanienrundflug eingeladen und ihm das Flugzeug gezeigt, unter anderem auch das Cockpit. Da sitze ich, braungebrannt in meiner Uniform. Der Kirchschläger schaut sich staunend um und sagt dem König auf Englisch, dass alles sehr interessant sei. Sag ich in meinem breitesten Wienerisch: ‚Herr Präsident, ein Stückerl Österreich fliegt jetzt mit Ihnen über Jordanien mit.‘ Na, der hat g'schaut!“

Nach einigen Jahren im königlichen Flugzeug zog es Freddy wieder nach Wien zurück. Seine Tochter sollte eine gute Schulausbildung bekommen, die ständige Abrufbereitschaft nagte an Freddys Kräften. Schweren Herzens nahm er Abschied von Jordanien und seinem König. „Ich habe praktisch zu seiner Familie gehört. Wir sind oft von ihm und anderen Familienangehörigen eingeladen worden. Die Trennung ist mir wirklich schwer gefallen."
Seit Freddys Abgang wechseln sich Militärpiloten in der Kanzel ab. Von denen kann zwar jeder von sich behaupten, Husseins Sohn, den jungen König von Jordanien, zu fliegen, aber nur einer auf der Welt kann sagen: Ich war des Königs Privatpilot! Freddy aus Wien!!

Tansania-Erwin

Die Sonne färbt mit ihren letzten Strahlen den Himmel orange-gold. Einige grauschwarze Wolken, von rosa Fäden eingesäumt, gravieren ihr Muster ein. Vereinzelte Bäume zeichnen ihre Konturen in das Dunkel der aufkommenden Nacht. Erwin lauscht, ob er Tierstimmen hört. Aber es ist noch zu früh. Eine Decke der Stille hat sich über das Hochland Tansanias ausgebreitet. Erwin liebt diese Momente. Fernab jeder Zivilisation in der unberührten Natur, da, wo Löwen sich vielleicht gerade zum Nachtlager zusammenrollen, eine Elefantenherde noch Futter sucht, ein Leopard auf die Jagd geht. Gleich in der Früh wird Erwin mit dem Fernglas die naheliegende Wasserstelle beobachten. Da wird er sehen, in wessen Nachbarschaft er die Nacht verbracht hat.

Es wird Zeit, sich auf dem Gaskocher eine Konserve warm zu machen. Dann vielleicht noch einen Schluck Veltliner. Erwin hat immer ein paar Flaschen dabei. Aus Österreich mitgebracht. Ein Stück Heimat in der Fremde.

Wäre Erwin damals vor Jahrzehnten nicht zum richtigen Zeitpunkt auf dem richtigen Pissoir gewesen, vielleicht wäre alles anders gekommen. Dann wäre er jetzt auf einer Almhütte, in einer griechischen Taverne oder einer italienischen Pizzeria. Nur nicht in Afrika.

Erwin ist in Graz aufgewachsen. Sein älterer Bruder war Redakteur der „Kleinen Zeitung", Erwin wollte Graphiker werden. Anlässlich eines Besuches in der Redaktion des Bruders verspürte Erwin den gewissen Drang, dem nur ein Pissoir abhelfen kann. „Wer bist denn du?" wandte sich ein älterer Herr dort an Erwin. „Der Bruder vom Helmut!" – „Und was machst du beruflich?" – „Ich studiere Graphik." – „Na, komm zu mir ins Büro, vielleicht habe ich was für dich!"

Wie sich herausstellte war der ältere Herr der damalige Chef der „Kleinen Zeitung", Hans Dichand. Erwin durfte ihm Karikaturen zeichnen und war damit so erfolgreich, dass Dichand ihn nach Wien mitnahm. Der Job war gut bezahlt, Erwin konnte sich einigen Luxus leisten. Unter anderem eine Afrikareise. 1968 war das. In einem VW-Bus eingepfercht mit anderen Touristen, ging es zum Victoriasee.

Hitze, roter, von den Autorädern aufgewirbelter Staub und unzählige Schlaglöcher sind die unangenehmen Erinnerungen von damals. Die angenehmen: die unberührte Weite Afrikas, die freundlichen Menschen, die die weißen Besucher ungläubig anstarrten. Der Anblick von Tieren auf freier Wildbahn. Tiere, die Erwin nur von Zoobesuchen kannte. Wo sie hinter Gittern im Kreis liefen und nicht wie hier in Afrika durch die Savanne streifen konnten. Stets auf der Suche nach Nahrung und Wasser. Erwin war fasziniert. Er wurde von einem Virus befallen: dem Afrikavirus!
Schon ein Jahr später bekam Erwin wieder die Chance, Afrika zu bereisen. Er sollte einen neuen Range Rover testen. Ein Auto, das alle Stückerln spielte. Die vorgesehene Route: Kenia, Uganda, Ruanda und Tansania. Erwin durfte bleiben, solange er wollte. Hauptsache, er lieferte seine Reiseberichte rechtzeitig ab und testete seinen Geländewagen auf Biegen und Brechen. Das war 1969 – das Jahr, in dem Erwin beschloss, Afrika zu seiner zweiten Heimat zu machen.
„Den Zug der Gnus von Norden nach Süden muss man einmal gesehen haben", lehnt sich Erwin zurück. Während seine Augen den gewissen schwärmerischen Glanz kriegen, erzählt er: „Das sind eineinhalb Millionen Tiere, die durch die Steppe ziehen. Begleitet, beobachtet und bedroht von Löwen, Leoparden und Geparden. Schwache Tiere werden abgesondert, gejagt und gefressen. Haben sich die Jäger dann satt gefressen, kommen Hyänen und Schakale dazu, die die Reste fressen. Der Stärkere frisst den Schwächeren. Das brutale Gesetz der freien Wildbahn. Wenn ein frisch geborenes Gnu nicht in der Lage ist, innerhalb einer halben Stunde mit der Herde weiterzuwandern, wird es erbarmungslos zurückgelassen. Und damit anderen Raubtieren überlassen, die die Herde stets beobachten. Natürlich tut es weh, das zu sehen. Aber was soll man tun?"
In Arusha hat Erwin sein Hauptquartier errichtet. Von dort bereist er Tansania und die angrenzenden Staaten. Von dort besucht und betreut er die zwölf Nationalparks, die es in Tansania gibt. Er hat viele Freunde gefunden, die sein Angebot, die Nationalparks werbemäßig zu betreuen, nur allzu gerne annahmen. Erwin macht das ehrenamtlich. Sein Lohn: Er kann in den Nationalparks tun, was er will. Für ihn gelten die vielen Vorschriften für Touristen nicht. Gibt es Hinweise, dass sich Rebellen oder Wilderer aus angrenzenden Staaten, meistens aus Ruanda, in den Nationalparks aufhalten,

bekommt Erwin einen Leibwächter mit. Dessen Aufgabe ist es, Erwin zu beschützen. Bewaffnet mit einer Maschinenpistole, thront er auf dem Dach des Jeeps und erstickt damit mögliche Überfallspläne im Keim. Zu seinen Aufgaben gehört es auch, Paviane abzuschrecken. „Das sind die geborenen Diebe. Die überfallen ein Zeltlager und nehmen mit, was sie zu fassen kriegen. Nicht Essbares wird von ihnen weggeworfen, das müssen wir dann mühsam zusammensuchen. Alles andere ist auf Nimmerwiedersehen weg. Da sind die Berggorillas und Schimpansen im Kongo und in Ruanda schon verträglicher. Mein Gott, wenn ich zurückdenke: Die Jane Godall, die Mutter der Schimpansen, ist eine gute Bekannte von mir. Mit der bin ich am Tanganjikasee gesessen, im Wasser eine Flasche Veltliner zur Abkühlung. Sonnenuntergang war, am Horizont dreitausend Meter hohe Gebirgszüge – das ist einfach ein Erlebnis. Das kann man nicht beschreiben, das muss man gesehen haben. Der Tanganjikasee ist achthundert Kilometer lang. Ein Naturerlebnis, das sich auf Bildern in dieser Vielfalt und Schönheit nicht wiedergeben lässt. Oder der Ruwenzori: Da geht man drei Tage durch Gras, Sumpflandschaft und Hochmoore, an fünfzehn Meter hohen Farnen vorbei, und dann auf einmal ragen die 5000er-Gipfel vor einem auf. Viele Gletscher dabei. Ich war ja schon zwölfmal am Kilimandscharo. Der ist natürlich auch schön mit seinen verschiedenen Klimazonen, aber kein Vergleich zum Ruwenzori. Für den Professor Grzimek der schönste Gebirgszug der Welt. Den Professor kennen zu lernen, hatte ich übrigens noch das Vergnügen. Der hat ja damals die Serengeti zum Nationalpark umgewandelt. Früher war die Serengeti Jagdgebiet für die Engländer. Um sie von dort zu vertreiben, hat man den Nationalpark gegründet. Ein geschickter Schachzug!"
Grzimek ist ein Stichwort, an dem man nicht vorbeikommt. Was weiß Erwin noch von ihm? – „Der war ein Liebhaber von Whisky, Gin und schönen Frauen. Mit einer Massai-Häuptlingstochter hat er ja einen Sohn, der jetzt in Amerika an einer Universität Sportdozent ist. Ein anderer Sohn kam in der Serengeti bei einem Flugzeugabsturz ums Leben. Ob er zu tief geflogen ist oder ein Geier sich im Propeller seiner Maschine verfangen hat, weiß man bis heute nicht."
In Uganda hatte Erwin Gelegenheit, Idi Amin kennen zu lernen. Der Diktator umgab sich gerne mit weißen Beratern aus England und Amerika. Man kannte sich untereinander, und so war es nur eine

Frage der Zeit, bis Erwin dem Machthaber vorgestellt wurde. „Irgendwann", so Erwin, „ließ er mich wissen, dass er ein Verehrer österreichischer Marschmusik sei. Also habe ich ihm eine Langspielplatte von den Hoch- und Deutschmeistern mitgebracht. Es war nie ein Problem für mich, bei Idi einen Termin zu bekommen. Ich gehe also mit der Langspielplatte in seinen Palast. Dort führt man mich zum Swimmingpool. Idi Amin war noch bei einer Militärkonferenz. Kurz darauf taucht er auf. In einer Phantasieuniform, die ihm als oberstem Befehlshaber ja zusteht. Na, der Idi lässt eine Stereoanlage beim Pool aufbauen und legt die Platte auf. Beim Radetzkymarsch, eh klar, da hat's ihn gerissen. Im Marschtritt ist er um den Swimmingpool marschiert. Die anderen Afrikaner, die dabei waren, haben rhythmisch zu klatschen begonnen. Das war ein Theater. Eine Riesenparty ist daraus geworden."
Nun ist, wie die ganze Welt weiß, Idi Amin nicht nur der gemütliche Stimmungsmensch gewesen. Einige hunderttausend Tote gehen auf sein Konto, Feinde soll er lebendig den Krokodilen zum Fraß vorgeworfen haben. „Das mag schon stimmen", lenkt Erwin ein. „ Aber ich habe davon nichts bemerkt. Ich war an den Flüssen, wo es geheißen hat, dort hätte er die Krokodile mit Menschen gefüttert. Da war nichts zu sehen. Keine Spuren, die darauf hingewiesen hätten. Und wie er dann nach seinem Sturz nach Saudi-Arabien geflohen ist, hätte man ihn dort leicht verhaften und vor ein internationales Gericht bringen können. Aber nein – man hat ihn in Ruhe Islamistik studieren lassen. Irgendwie scheint es da keine griffigen Beweise gegeben zu haben." Erwin erzählt dann noch, dass Idi Amin durchaus über einen gewissen Charme verfügt habe, er auch nicht von seiner Zeit als Boxer eine weichgeschlagene Birne gehabt, sondern eine normale, durchschnittliche Intelligenz gezeigt habe. Diese sei auch notwendig, um eine derartige Machtposition einzunehmen und über Jahre zu halten.
Ein Erlebnis möchte Erwin noch erzählen. Eine traurige Geschichte vom Leben und Sterben in der Wildnis. Es war Anfang Oktober in Tansania. Die Tiere befanden sich bereits im Stadium, das Erwin als „Kampf ums letzte Wasser" bezeichnet.
„Da war ich an einem Fluss, in dem sich mehrere Herden Nilpferde befanden. Die Bullen haben ihre Revierkämpfe ausgetragen. Plötzlich sind Krokodile gekommen. Die waren so fünf bis sechs Meter

lang. Sicherheitshalber haben die Nilpferde das Wasser verlassen. Die Krokodile unterdessen haben sich ein Nilpferdjunges geschnappt und in eine unter Wasser gelegene Höhle verschleppt. Wie die Nilpferde am Ufer waren, bemerkt die Mutter, dass ihr Junges fehlt. Sie kann es aber riechen und geht allein ins Wasser zurück, um es zu suchen. Sechs, sieben Krokodile schwimmen auf die Nilpferdmutter zu, um ihre Beute zu verteidigen. Und dann beginnt, was ich den Kampf der Giganten nenne. Die Krokodile greifen an, die Nilpferdmutter wehrt sich. Das Wasser schäumt, zischt und brodelt. Die Krokodile peitschen das Wasser auf, die Nilpferdmutter verbeißt sich in die Krokodile und wirbelt sie durch die Luft. Zwei Krokodile kann sie töten, ehe sie selbst verletzt den Kampf aufgibt und an das Ufer flieht. Ihr Junges war schon längst tot. Dem konnte sie nicht mehr helfen!"

Man habe dem Nilpferd die Trauer richtig ansehen können. Wie es am Ufer stand und sehnsuchtsvoll in das schmutzige Wasser starrte. In der Hoffnung, dass ihr Junges wieder auftaucht. Vergebens.

Zweimal pro Jahr ist Erwin in Tansania, um die Nationalparks zu besuchen. Oft allein und unbewaffnet in einem Zelt, manchmal in Begleitung eines Leibwächters. Er liebt das Land, seine Menschen und Tiere. Er ist eben von einem Virus befallen: dem Afrikavirus.

Wieny

DER FRÜHER MELO WAR
UND EIN MÄRCHENHAFTES LEBEN
FÜHREN WOLLTE

Die Stimme am Telefon klingt picksüß. Ja, es würde ihn freuen, wenn es zu einem Interview käme. Der Treffpunkt sei ihm egal, lediglich auf seine Termine müsse er Rücksicht nehmen. Sonntag vormittag? Ja, das passt! Als Erkennungszeichen würde er seinen mittelalterlichen Federhut mitbringen. In Ordnung.
Der Hut erweist sich als unnötig. Ich erkenne Wieny sofort. Schließlich kenne ich ihn noch aus der Zeit, in der er Melo war. Und Melo war einmal ein Begriff in der Wiener Szenerie der bunten Vögel. Ein Markenname, der für märchenhafte Stunden stand.
„In Graz habe ich als kleiner Bub bei einem Fest einen Märchenerzähler gesehen. Der hat mich so beeindruckt, dass ich das auch einmal machen wollte. Dann, wenn ich groß bin!" Da war der Wille des kleinen Buben, dort der Wille des Vaters. Aus dem Buben sollte etwas Anständiges werden. Ein krisensicherer Beruf mit einer noch sicheren Pension. Und so geschah es auch. Der kleine Bub wurde groß und kam beim Magistrat in Wien unter. Der Wille des Vaters war erfüllt. Nun galt es auch, den Willen des ehemals kleinen Buben zu verwirklichen. Den Traum vom Märchenerzähler zu erfüllen. Eine Tante nähte ihm eine Pluderhose, wie man sie vor drei-, vierhundert Jahren trug, einen Samtrock und einen Hut. Der junge Mann unterdessen las sich in die Sagen des mittelalterlichen Wiens ein und beschloss, sich ab sofort Melo zu nennen. Damit kam die Stunde der Wahrheit: Kostümiert begab er sich in die Innenstadt. Ob ihm nun das Herz bis zum Hals klopfte oder in die Hose gerutscht war, lässt sich nicht mehr verifizieren. Nervös war er auf jeden Fall. „Kommt, ihr Leute, und lasst euch erzählen aus vergangenen Tagen, kommt mit mir in eine Zeit vor hunderten von Jahren! Begleitet mich!" rief Melo mit anfangs noch zittriger Stimme über den stark frequentierten Stephansplatz. Kinder zupften am Rockzipfel ihrer Eltern und blieben stehen. Eltern grinsten verwundert ob der Gestalt, die da im mittelalterlichen Kostüm vor ihnen stand. Na bravo, das wird ein Theater, versprach man sich! Der kann doch nicht normal sein! Melo erzählte: Vom Stephansdom, von Unglücksfällen, Intrigen und der Pest. Von unglücklichen Liebschaften, Geistern und Feen. Und man hörte ihm zu. Je mehr er erzählte, um so sicherer wurde er. Seine Stimme hob und senkte sich, war einmal laut und einmal leise. Das anfangs spärliche Publikum hing an Melos Lippen, und Melo erkannte tief im Inneren seines Herzens: Er

hatte es geschafft! Er hatte das Talent, Geschichten zu erzählen, ein Publikum in seinen Bann zu ziehen. Die Hoch- und Jubelstimmung verflog vorübergehend, als er dann seinen Hut herumgehen ließ und darauf hinwies, dass auch Märchenerzähler von irdischen Dingen wie essen und trinken leben müssten und keineswegs verbindlich über ein Tischlein-deck-dich verfügten. Es würde Leute geben, die bezüglich diverser Rechnungsfristen schon genug Märchen gehört hätten. Denen Bargeld einfach lieber sei. Schließlich würden sie dafür Wasser, Strom, Kleidung, Wohnung oder Lebensmittel zur Verfügung stellen. Etwas Trinkgeld kam schließlich doch zusammen, und Melo wandte sich wieder heimwärts.
Die Familie zeigte sich nicht begeistert von Melos Treiben. Der Sohn ein Märchenerzähler! Einer, der wie ein Narr auf die Straßen geht. Belächelt von den Passanten. Einer, über den man hinter vorgehaltener Hand tuschelt, hinter dessen Rücken man den ausgestreckten Zeigefinger in Richtung Schläfe zeigte und kreisen ließ. Eh schon wissen, ein armer Narr! Dabei könnte er doch beim Magistrat ...!
Melo setzte sich durch. Tag für Tag begab er sich in die Innenstadt, erzählte von Rittern und Zauberern, schönen Jungfrauen und Drachen. Viel ließ sich damit nicht verdienen – aber es reichte, um den Job beim Magistrat aufzugeben. Worauf sein Vater den Umgang mit Melo mied. Ein Zustand, der sich erst ändern sollte, nachdem Melo als Künstler anerkannt wurde, sein Bild öfters in der Zeitung zu sehen war, das Fernsehen erste Interviews mit ihm brachte, man Melo für Privatveranstaltungen buchte.
Melo gehörte also nun zum Stephansplatz wie die Schwalbe zum Sommer. Seine Zuhörerschaft wurde immer größer, die Spenden, die hereinkamen, immer beachtlicher. Reich wollte er nie werden – aber zumindest leben wollte er vom Märchenerzählen. Das konnte er recht und schlecht, bis das Schicksal an seine Pforten klopfte: „Hearst, Olda, du gehst ma auf'n Geist. Verschwinde, das ist unser Platz!" ließ ihn ein Bettler mit rauer Stimme wissen. „Wenn net, dann hast a gewaltiges Problem!" Melo verwies auf die unumstößliche Tatsache, dass der Stephansplatz ein öffentlicher Platz sei, frei zugänglich für jedermann. Außerdem, was sollte ihm passieren? Mitten unter seinem Publikum?
Es passierte doch. Eines Tages, Melo erzählte gerade einer interessiert lauschenden Gesellschaft, verspürte er einen Schmerz am

Kopf. Es wurde ihm schwindlig, und Blut rann über sein Gesicht. Jemand, wer, ließ sich nie herausfinden, hatte ihn mit einer Steinschleuder beschossen. Die Polizei wurde verständigt, und Melo kam in ein Krankenhaus. Kaum geheilt, kehrte er zum Stephansplatz zurück. Die Polizei versprach ihm, ein Auge auf die Umgebung zu werfen. Er müsse nur immer rechtzeitig sagen, um welche Zeit er anzutreffen sei. Das war zu einer Zeit, in der Melo schon über einen Gewerbeschein als Märchenerzähler verfügte und mittlerweile ob seines Erfolges auch von einigen Fremdenführern angefeindet wurde. Diese fürchteten um ihr eigenes Geschäft und wollten verhindern, dass Melo das Budget der Touristen strapazierte. Aber noch jemand trat mit bösen Absichten in Melos Leben: ein inhaftierter Araber namens Melo. Dieser ließ über seinen Anwalt ausrichten, dass Melo, der Märchenerzähler, ihn, den echten Melo, lächerlich machen würde. Melo sei schließlich ein Künstlername, während er, der echte Melo, Anrecht habe, seinen Namen zu schützen. Schließlich könne es dazu führen, dass man in seiner Heimat glaube, er würde sich in Wien sein Geld als Märchenerzähler verdienen.
Was, wie mir das goldene Wienerherz bestätigen wird, immer noch besser wäre, als für irgendwelche Umtriebe im Gefängnis zu landen.
Melo, der Märchenerzähler, möge also die Persönlichkeitsrechte von Melo, dem Araber, achten und nicht mehr unter diesem Namen auftreten. Es sei denn, Melo wäre bereit, für das Namensrecht eine mehrstellige Summe zu bezahlen. Was Melo, der Märchenerzähler, weder konnte noch wollte. Nach Rücksprache mit einem Anwalt entschloss er sich schweren Herzens, auf den Namen Melo zu verzichten. In Zusammenarbeit mit einigen Schulen suchte man einen neuen Namen. Aus Melo wurde Wieny. Wieny musste mühsam neu etabliert werden. Melo kannte man ja, wusste, was von diesem zu erwarten sei. Aber Wieny? Wer ist Wieny – ein neuer Märchenerzähler? Ein Konkurrent Melos?
Auch diese bitteren Zeiten vergingen. Wieny wurde als Melo wiedererkannt, seine Fans fanden zu ihm zurück. Das märchenhafte Geschäft begann wieder zu florieren. Dann wurde Wieny nach Tunesien eingeladen.
In einer großen Hotelanlage sollte er die deutschsprechenden Touristen mit seinen Märchen begeistern. Einen ganzen Sommer lang

bezahlter Urlaub! Wieny schien das große Los gezogen zu haben. Sogar das tunesische Fernsehen interessierte sich für ihn. In der Sahara, an einer Bahnlinie wollte man ihn filmen. Um den Lokalcharakter zu betonen, hatte man eine Kamelherde aufgeboten, und mitten drinnen Wieny in seinem mittelalterlichen Kostüm, der Pluderhose, der engen Samtjacke und dem Federhut. Der Märchenerzähler aus dem fernen Abendland im Orient! Ein Bild, das jäh zerstört wurde. Ein Zug kam, versetzte die Kamelherde in Panik. Diese riss sich los und stürmte quer durch die Szenerie, trampelte alles nieder, was sich in den Weg stellte: Kameras, Scheinwerfer, Autos und Menschen. Es gab Verletzte und Tote. Unter den Schwerverletzten war auch Wieny. Er hatte mehrere Brüche erlitten und hatte starke Schmerzen. Krankenhaus befand sich keines in der Nähe, und so musste Wieny schnellstens zu einem Arzt gebracht werden. Aber dieser musste erst gefunden werden. Aufgeregte Telefonate wurden geführt, schließlich verfrachtete man Wieny in ein Auto und fuhr ihn in eine entfernte Oase. Dort sollte es jemanden geben, der erste Hilfe leisten könne. Wieny war alles recht. Die Schmerzen wurden so unerträglich, dass er am liebsten gestorben wäre. Der Arzt, zu dem man ihn brachte, entpuppte sich als Tierarzt. Mangels eines Humanmediziners behandelte er aber auch die Bewohner der Oase und Beduinen der Umgebung. Narkosemittel gab es keine, also flößte man Wieny einen einheimischen Feigenschnaps ein. Noch und nöcher! Für den Antialkoholiker eine Erfahrung, die er kein zweites Mal machen möchte. Mund auf und schlucken! Immer mehr. In kräftigen Zügen! Bis zur Bewusstlosigkeit, bis sich alles zu drehen beginnt, bis Wieny vergisst, wo er ist, bis er keine Schmerzen mehr fühlt. Hoffentlich amputieren die mir nichts, denkt er noch, ehe er in ein dunkles Loch fällt. Das war dann der Zeitpunkt, an dem ihm der Tierarzt – wenn er das überhaupt war – die gebrochene Schulter einrichtete. Gips gab es auch keinen, also musste ein Gemisch aus Lehm und Zement herhalten. Als Wieny aus seiner Schnapsohnmacht aufwachte, konnte er sich kaum bewegen, so fest hielt der Gipsersatz die gebrochenen Knochen zusammen. Weiter ging es nach Tunis. Von dort sollte der immer noch betrunkene Wieny nach Wien geflogen werden. Im Vollrausch bekam er gerade noch mit, dass man ihn nicht in das Flugzeug lassen wollte. Endlose Verhandlungen begannen, Versprechungen wurden gemacht, Bar-

geld wechselte den Besitzer. Ohne Bakschisch geht nichts! Wieny war alles egal. Er wollte nur nach Wien, in ein ordentliches Krankenhaus. Er wollte seine höllischen Schmerzen loswerden, den Gipsersatz, der immer härter wurde und damit die Blutzufuhr unterband. Wieny weiß nicht mehr, wie er dann in das Flugzeug kam, erinnert sich nur noch an seine Ankunft im Unfallkrankenhaus in Wien, wo man sich sofort daranmachte, den Lehmzementmantel, der Wieny umhüllte, herunterzuschneiden, zu meißeln, stemmen. Eine mühsame Arbeit. Ungewohnt für die Ärzte, schmerzhaft für den immer noch angeheiterten Wieny. Ehe man ihn notoperierte, musste er erst vollkommen ausgenüchtert werden. Nach zwei Tagen wurden ihm die Knochen noch einmal gebrochen, eingerichtet und diesmal ordentlich vergipst. Für Wieny ein Horrortrip. Seitdem kann er keinen Schnaps riechen und keine Kamele sehen. Schnaps verursacht ihm Ekel, Kamele treiben ihm den Angstschweiß über den Rücken. Nach Tunesien möchte er nie wieder. Obwohl er weiß, dass es ein wunderschönes Land ist. Es gibt nur zu viele Kamele dort!
Bei Hunden hat Wieny mehr Glück. Sie laufen ihm zu, und einmal, während er märchenerzählend in der Innenstadt stand, konnte er einen Schäferhund beobachten, der in der prallen Sonne lag und ihm offensichtlich interessiert zuhörte. „Ich bin überzeugt, der hat jedes Wort verstanden. Und da habe ich mir gedacht, ich mache Hundeerzählungen. Die Leute sollen ihre Hunde bringen, und ich erzähle ihnen was." Gesagt, getan.
Beim ersten Termin durfte Wieny an die fünfzig Hunde begrüßen. Weitere Treffen folgten. Manche Hundebesitzer klagten Wieny ihre Probleme mit den Vierbeinern. So gab es einen, der sein Herrl pünktlich um 17 Uhr biss. Täglich. An Wochen- und Feiertagen. Davor und danach war er der beste Freund seines Herrls. Wieny besuchte das Tier zu Hause, sprach mit ihm, flüsterte ihm ins Ohr, streichelte es. Es sei doch nicht notwendig, sein Herrchen zu beißen. Wer wird denn so ein böser Wuffwuff sein? Das Wunder geschah. Der Hund verzichtete tatsächlich auf seinen 17-Uhr-Biss. Gestärkt durch diesen Erfolg, beschloss Wieny nun, fortan auch schwierige Hunde zu behandeln. Um nicht in ein Kurpfuschereck gerückt zu werden, verschaffte er sich einen Gewerbeschein: Als erster österreichischer Hundeflüsterer. Dafür galt es zwar einige bürokratische Hürden zu nehmen, aber es gelang. Vielleicht hat man vor dem Ruhm Wienys

Respekt bekommen. Ein japanischer Europaführer hat Wieny nämlich unter den Top ten must in Europe aufgeführt. Was Österreich betrifft, machen ihm nur die Sängerknaben und Lipizzaner Konkurrenz. Irgendwann möchte er Japan auch besuchen. Wenn er genug Geld hat. Um das zu verdienen, hat er sich nebenbei als Heilmasseur ausbilden lassen. Aber das ist eine andere Geschichte.
Neulich erreichte mich ein aufgeregter Anruf Wienys. „Stell dir vor", schwärmt er, „die Sache mit den Hunden läuft phantastisch. Ich habe zu einigen Tierärzten Kontakt aufgenommen. Die schicken mir ihre Problemhunde. Ich werde mit Anrufen und E-Mails überhäuft, und wir richten jetzt einen monatlichen Hundestammtisch ein, um Erfahrungen auszutauschen. Magst einmal vorbeikommen?" Sicher, Wieny, ich komme schon einmal vorbei, wie es sich mit meiner Zeit ausgeht. Wieny schwebt im siebenten Himmel. Ein Sommer steht bevor, in dem er wieder seine Geschichten erzählt, er will auch ein Sagenbuch verfassen. Der Himmel hängt für ihn voller Geigen. Viel hat er durchmachen müssen, um seinen Weg zu gehen. Aber das ist alles vergessen. Für Wieny zählt das Positive. Wo eine Türe zugeht, öffnet sich für ihn eine andere. Vielleicht gibt es in einigen Generationen einen Geschichtenerzähler, der von einem Buben zu erzählen weiß, der einmal in Graz einen Märchenerzähler erlebte und daraufhin beschloss, selber Geschichten zu erzählen. Vom alten Wien ...

Herbert

EIN BISSERL AUSSTEIGEN WIRD MAN DOCH DÜRFEN

Seine stark umrandeten Brillen lassen einen unwillkürlich an eine Eule denken. Getragen werden diese Brillen von einem Mann mit zirka 170 cm Körpergröße und einem Gewicht, das jedenfalls weit über der 150-Kilo-Grenze liegt. So genau lässt sich Herbert da nicht festlegen. Früher war alles anders. Da war Herbert noch nicht so dick. Das war in der Zeit, in der er noch Sport betrieb. Schwer genug zu glauben, wenn man ihn heute sieht. Aber in der Jugend war Herbert Fußballer. In Neusiedl am gleichnamigen See. Nebenbei absolvierte er eine Kochlehre. Als der Fußball für Herbert an Reiz verlor, widmete er sich dem Jiu-Jitsu und brachte es zum österreichischen Vizemeister im Schwergewicht. Ein Freund brachte ihn dann Mitte der 70er Jahre zum Boxen. Die meisten Kämpfe verlor Herbert. Seine Nase meint er, sei von damals zwar noch gerade, aber innerlich äußerst ramponiert. Deswegen müsse er beim Reden oder bei anstrengenden Tätigkeiten immer schnaufen, um mehr Luft zu kriegen. Irgendwann wird er sich die Nase richten lassen. Wenn er

Zeit hat. Herbert ist bis vor knapp zehn Jahren auch Marathon gelaufen. Den Wien-Marathon schaffte er in einer Zeit von 3:05 Stunden. Beachtlich insofern, als er damals doch schon weit über hundert Kilo wog. Aber Herbert ist ein Kugelblitz. Beinhart, wenn es gilt, eine Sache durchzuziehen. So wie damals in Prag.
1989 war das, erinnert sich Herbert: „Ich wollte den Prag-Marathon unter drei Stunden laufen. Mit einem Freund bin ich nach Prag gefahren. Wir gehen essen, und am nächsten Tag sind wir zum Start gegangen. Ich habe Bauchweh gehabt. Da muss beim Abendessen irgendwas schlecht gewesen sein. Absagen wollte ich nicht. Ich fahre doch nicht hunderte von Kilometern, um dann aufzugeben. Na, wir rennen los. Das Rumoren im Bauch wird immer stärker. Ich such mir ein Gebüsch. War schwer genug zu finden! Na, hab ich eines gefunden. Ich erleichtere mich und renn weiter. Alle paar Kilometer hat sich das wiederholt: bauchflattern, weiterlaufen, bis es nimmer geht, in irgendeinem Eck den Dünnpfiff loswerden, es war mir inzwischen schon egal, ob mich jemand dabei sehen kann, und weiterlaufen. Da war einer beim Marathon dabei, den habe ich von Wien gekannt. Fünfmal habe ich ihn überholt. Jedes Mal hat er mich gefragt: ‚Wo kommst denn du her?' – habe ich ihm geantwortet: ‚Scheißen war ich.' Auf der Karlsbrücke über der Moldau ist mir dann richtig schlecht gewesen. Ich halte mich am Geländer an und speib in die Moldau. Jessas, war mir schlecht! Kommt einer und schreit mich an: ‚Nicht springen! Tun Sie es nicht! Tun Sie es nicht!' – Der hat geglaubt, ich will mich umbringen, so verzweifelt habe ich ausgesehen. Wie ich dann endlich durchs Ziel laufe, hängen sie mir eine Medaille um und schreien Finish!, Finish! – ich bin weitergelaufen, weil ich eine Toilette gesucht habe. Ich habe mir dann die Zeit ausgerechnet, die ich durch meinen Durchfall verloren habe. Insgesamt bin ich den Marathon in 3:42 gelaufen, ohne Durchfall hätte ich 2:50 gebraucht. Ich habe buchstäblich eine Stunde verschissen."
Nach dieser Tortur beschloss Herbert, seine sportlichen Aktivitäten zurückzustecken und sich vermehrt der Gastronomie zu widmen. „Vier Lokale habe ich dazumal gehabt, aber ich habe dabei auch körperlich expandiert. Bin immer dicker geworden. 1999 habe ich dann innerhalb von vierzehn Tagen zwei Herzinfarkte gehabt. Da habe ich mich entschlossen, drei Lokale aufzugeben und mich nur noch

auf eines in der Reznicekgasse zu konzentrieren. Und das habe ich nur am Abend aufgemacht. Meine Frau hat einen gut dotierten Posten in einer Bank, mein Sohn ist auch schon über zwanzig. Warum soll ich mich abstrampeln? Dann ist mir fad geworden, und 2002 hat mich eine Brauerei gebeten, im Prater ein Wirtshaus zu übernehmen. Ich habe gewusst, das wird eine schwierige Partie. Im Prater gibt es das Schweizerhaus, und neben dem Schweizerhaus tut sich jeder Gastronom schwer. Wenn mir einer erzählt, das stimmt nicht, dann sagt der nicht die Wahrheit. Es ist unmöglich, in der Nähe des Schweizerhauses ein wirklich gut gehendes Wirtshaus zu führen."

Anmerkung des Autors: Das Restaurant Luftburg geht ganz gut, gehört aber einer Kolarik-Schwester und ist somit familiär mit dem von der Familie Kolarik geführten Schweizerhaus verbunden. Auch andere Lokalitäten genießen einen guten Ruf. Schwer dürfte es lediglich sein, ein Lokal neu zu etablieren. Wenn Herbert das gemeint hat, muss man ihm Recht geben. Um die letzten Zweifel an Herberts Kompetenz aus dem Weg zu räumen: Herbert besitzt mehrere gastronomische Auszeichnungen und gilt als einer der Spitzengastronomen Wiens.

Herbert warf sich also ins Zeug, versuchte das Unmögliche. „Um sechs Uhr in der Früh bin ich aufgestanden, um zwei in der Früh schlafen gegangen. An sieben Tagen in der Woche. Wenn ich wissen wollte, welchen Wochentag wir haben, habe ich in der Zeitung nachschauen müssen. Ich hätte es wirklich nicht sagen können. Na, und dann ist der Alkohol dazugekommen. Mit einigen Gästen musst du was trinken, dann machst du wieder eine Gegeneinladung, am Abend trinkst was gegen den Stress. Und so geht es weiter. Das ist ein Kreislauf, dem man nicht entkommen kann."

Die Fadesse war also aus Herberts Leben verschwunden und wurde durch Stress ersetzt. Er wollte es wieder einmal wissen! Auf Biegen und Brechen. Morgens unter die kalte Dusche, dann eine Tablette gegen den Brummschädel, wenn der Abend zu heftig war, einkaufen fahren, zur Bank, das Personal kontrollieren, selber in der Küche stehen. Mithelfen. Raus zur Schank, mit dem ein Achterl, mit einem anderen ein Seidel. Manchmal auch ein Schnapserl zum Drüberstreuen. Um zwei in der Früh dann ins Ehebett getaumelt, müde und angeheitert. Ausgelaugt vom Tag! Fertig, kaputt. „Ich habe nicht mehr weitergewusst im Leben. Andere Leute, wenn sie labil sind, nehmen sich das Leben in so einer Situation. Aber ich hänge an meinem Leben! Also habe ich mir gedacht: Ich muss weg. Aussteigen, alles hinwerfen und wieder zu mir finden! Irgendwo – nur weg, weit weg von Wien!"

Ein Wunsch, für den Herberts Herz immer mehr entbrannte. Wollte er überleben, sagte er sich, dann müsste er alles hinter sich lassen und neu anfangen.

„Dann, es war ein Montag, ich habe die Wochenendlosung beider Lokale dabei gehabt, bin ich zum Einkaufen gefahren. Vorher habe ich noch den Einkaufszettel geschrieben. Ich wollte zur Bank und zum Großmarkt. Bei einer Ampel in der Machstraße Ecke Handelskai bin ich dann stehengeblieben. Die Ampel war auf Rot. Links ging es zum Großmarkt, rechts nach Italien. Und in der Ampelphase ist mein ganzes Leben wie ein Film an mir vorbeigeflogen. Ich habe mich gefragt: Warum tu ich das alles? Meine Frau wollte die Scheidung, mit dem Sohn war ich zerstritten, ich habe seit zehn Jahren keinen Urlaub gehabt. Wozu hackel ich jeden Tag bis zum Umfallen, ruiniere mir die Gesundheit? Für wen? Für was? Ist das das Leben? Fahre ich links ab, geht es weiter wie jeden Tag. Biege ich rechts ab, fahre ich Richtung Sonne! Richtung Freiheit! Wie dann die Ampel grün war, habe ich gewusst, was zu tun war. Blinker rein und rechts abbiegen, Richtung Sonne und Richtung Freiheit, nach Italien. Wie im Rausch bin ich durchgefahren mit meinem Lieferwagen. Ich war ein Getriebener. Ich bin gefahren und gefahren. Erst in Arnoldstein, einer Autobahnraststätte, bin ich wieder zu mir gekommen. Da habe ich zum ersten Mal gerastet. Dann bin ich weiter nach Italien. Reisepass und 20.000 Euro habe ich dabei gehabt. In Italien habe ich mir gleich einen Sonnenbrand geholt. Habe ich mir gedacht, das ist nichts für mich. Bin ich also wieder zurück nach Kärnten. Nach Pörtschach. Vier Tage habe ich dort an einer Strandbar durchgesoffen. Ich bin da während der gesamten Öffnungszeit gesessen, habe den Wörthersee angestarrt und einen Spritzer nach dem anderen in mich hineingeschüttet. Ich wollte nur vergessen. Vergessen, dass sich meine Frau scheiden lassen wollte, vergessen, dass es im Geschäft drunter und drüber ging, vergessen, dass ich mit meinem Sohn zerstritten war. Vergessen, dass mich das Leben überfordert hat. Ich habe ja in Pörtschach nicht einmal mehr gewusst, ob es Tag oder Nacht war. Ich wollte keinen Kontakt zu irgendwem aus meiner Vergangenheit."

Während eines nüchternen Momentes entschloss sich Herbert, Pörtschach zu verlassen. Dort würde er, sagte er sich, die Lösung seiner Probleme nicht finden. Aber vielleicht in Bad Ischl. Nichts wie hin.

„Ein paar schöne Tage habe ich dort verbracht, aber ich wollte nicht in Österreich bleiben. Also bin ich weiter. Erst nach München, dann nach Berlin und Hamburg. In Berlin hat es mir überhaupt nicht gefallen. Die Sprache habe ich nicht verstanden, überall Baustellen, die Stadt zu groß und die Currywurst hat mir auch nicht geschmeckt. In Hamburg habe ich mich wohl gefühlt. Die Seele des Hamburgers liegt der des Österreichers am nächsten. Von Hamburg bin ich dann wieder zurück nach München. Dort habe ich dann begonnen, nachzudenken. Was will ich jetzt machen? So kann es ja auch nicht weitergehen! Soll ich mich von meiner Frau und den Gasthäusern trennen? Auswandern? Was will ich, was erwarte ich noch vom Leben? – Es muss was geschehen! Und zwar schnellstens!"

Zur Entscheidungshilfe telefonierte Herbert erstmals seit seiner Flucht aus der Realität mit einem Freund in Wien. Der hatte nichts Erfreuliches zu melden: Herberts Gasthäuser seien geschlossen, das Personal beim Arbeitsamt gemeldet. Seine Gattin habe eine neue Handynummer, sei nicht zu erreichen, weil niemand die Nummer wisse. Außerdem: Wo sei Herbert? In Wien würde man ihn in Polen vermuten. Andere Freunde seien wieder überzeugt, er sei in der Slowakei und betreibe dort ein Bordell. Andere wieder vermuteten ihn auf dem Grund der Donau. Mit Betonpatscherln, gewidmet von der Russenmafia! Gründe genug für Herbert, dessen Tatkraft langsam zurückgekehrt war, nach Wien zu fahren. Er musste Ordnung schaffen, die Gerüchte, die über ihn liefen, aus dem Weg räumen! Klare Verhältnisse schaffen. Also die letzten verbliebenen Münzen zusammenkratzen und noch einmal auftanken.

„In Ybbs ist mir dann das Benzin ausgegangen. Ich habe kein Geld mehr gehabt, keine Scheckkarte und kein Handy. Das Auto, in dem ich immer öfters übernachtet habe, musste ich auf der Autobahn stehen lassen. Mit leerem Tank. Dann habe ich versucht, per Autostopp weiterzufahren. Ein paar Kilometer bin ich so weitergekommen. Aber immer nur zur nächsten Ortschaft. Wer will denn einen verschwitzten, unrasierten 150-Kilo-Mann mit Reisetasche mitnehmen? Der ist doch gleich überladen, wenn ich einsteige. Zwei Autofahrer haben Mitleid gehabt und mich mitgenommen, und einmal bin ich mit einem Traktor mitgefahren. Alles zusammen vielleicht achtzehn Kilometer. Den Rest, ungefähr 80 Kilometer, bin ich dann zu Fuß gegangen. Übernachtet habe ich in Scheunen, gewaschen habe ich mich notdürftig in Bächen. Ich habe bestialisch gestunken. Endlich in Hütteldorf angekommen, bin ich dann mit der U-Bahn schwarz in den fünften Bezirk gefahren. Und dort angekommen ... habe ich mich nicht heimgetraut!"

Die Ungewissheit begann in Herbert zu nagen. Was würde auf ihn zukommen? Würde man ihn verhaften? In den Schuldenturm sperren? Würde ihn seine Frau aus der Wohnung werfen? Ihn mittellos auf die Straße setzen? Alles Mögliche und Unmögliche an Vermutungen traf sich zum Stelldichein in Herberts Gehirn. Herbert beschloss, den Tatsachen ins Auge zu sehen, und übernachtete sicherheitshalber auf einer Parkbank.

Am Morgen darauf gab es dann keine Ausflüchte mehr. Die Not und der Hunger trieben Herbert nach Hause.

Ein paarmal tief durchgeatmet und an der Wohnungstüre geläutet. War jemand zu Hause? Wenn ja, was würde geschehen? – Schritte näherten sich der Türe. Noch könnte Herbert davonrennen. Noch könnte er zumindest für ein paar Stunden der Konfrontation ausweichen. Wenn da nicht der Magen schon geknurrt hätte! Und dann die Möglichkeit, endlich den Gestank vom Körper zu duschen! Frische Kleidung anzuziehen! Herbert begann zu zittern. Sein Puls raste. Ob jetzt gleich oder in ein paar Stunden. Besser jetzt. Er konnte nicht schon wieder fliehen. Einmal musste er sich ja doch stellen!

Die Tür wurde geöffnet. Herbert stand seiner Frau gegenüber. Denn Blick zum Boden gesenkt. Dann hob er ihn langsam und schaute seiner Frau ins Gesicht. Nicht in die Augen, dazu fehlte ihm der Mut. Die Augen konnten ihn abweisen, würden ihn nicht belügen. Aber das Gesicht: Von dem konnte man ja auch schon vorsichtig ablesen, ob ... und wie ... und was ... und überhaupt. „Und wenn sie mich jetzt umbringt – es ist mir egal. Ich bin wenigstens zu Hause", dachte sich Herbert. Nichts dergleichen geschah.

Herberts Frau begann erst zu strahlen, dann zu lachen. Sie hatte sich Sorgen gemacht um ihn. Viele, viele Sorgen, die auf einmal von ihr abließen. Die weggewischt wurden mit jedem Lacher. Immer noch lachend, mit einigen Freudentränen in den Augenwinkeln, nahm sie ihr stinkendes, unrasiertes 150-Kilo-Bündel Ehemann in die Arme. Sie hatte ihn wieder.

Es folgte eine Aussprache mit Gattin und Sohn. Von Scheidung war nicht mehr die Rede, das Verhältnis zum Sohn wurde besser. Das Lokal im Prater gab Herbert auf, sein anderes in der Reznicekgasse öffnete er wieder. Mit dem gleichen Personal wie vorher. Alle kehrten sie wieder zu Herbert zurück. „Und weißt, es war alles wieder in Ordnung. Das Personal hat sich gefreut, wieder bei mir zu arbeiten, die Gäste waren zufrieden, dass sie wieder ein gutes Papperl kriegen, und mir hat die Arbeit auch wieder Spaß gemacht“, schließt Herbert seine Geschichte.

Eine auf Rot gestellte Ampel, sechstausend Kilometer, zwanzigtausend Euro und drei Monate hatte er gebraucht, um wieder zu sich zu finden. Um wieder der Herbert zu werden, den seine Frau geliebt und geheiratet hat.

Helmut

DER LÄUFER

Die drei Stockwerke bis zu seinem Büro offenbaren ein Konditionsdefizit. Entweder geht man langsam, legt Pausen ein – oder man geht schnell und kommt sehr bald in Atemnot. Jedenfalls kommt der Moment, wo man überlegt, mit dem Rauchen aufzuhören und spätestens mit den ersten warmen Sonnenstrahlen ein Lauftraining zu beginnen. Verstärkt wird dieser Wunsch dann etwas später, wenn man Helmut gegenübersitzt. Helmut ist Berufssoldat. Knappe zwei Meter, kurzgeschorenes Haar, kein Gramm Fett am Körper. Ein harter Hund – in seiner olivgrünen Uniform. Helmut war einmal Vizeweltmeister im militärischen Fünfkampf. Beim Hindernislauf musste er aus einer Höhe von fünf Metern springen: „Da staucht's dir die Knie ganz schön zusammen. Das liegt an meinem Gewicht. Ein kleiner Drahtiger tut sich da leichter. Dafür komme ich wieder schneller durchs Fuchsenloch."
„Fuchsenloch – was ist das, Helmut?" – Helmut lächelt nachsichtig: „Das ist ein etwa anderthalb Meter langes Loch mit vierzig Zentimeter Durchmesser. Da muss man mit einem Hechtsprung durch."
Orientierungsläufe und Schießen gehörten ebenfalls zu den Disziplinen, die Helmut überstehen musste, um endlich den Titel eines Vizeweltmeisters tragen zu dürfen. Der Lohn dafür ließ zu wünschen übrig: „Ein Händedruck vom Minister und ein paar Dankesworte, dass ich das Vaterland so sportlich verteidigt habe." Das alles ist mittlerweile Geschichte. Der damalige Minister ist in Vergessenheit geraten, für den Titel kann sich Helmut nichts kaufen. Vielleicht hat er ihm zu ein paar Auslandseinsätzen verholfen. „Am Golan war ich und in Jugoslawien. Im ehemaligen. Die Bezahlung war hervorragend – aber die Hitze am Golan kaum auszuhalten. Wenn ich da laufen gegangen bin, musste ich das in der Früh machen. So um fünf Uhr. Danach ist es so heiß geworden, dass man sich kaum noch rühren konnte. Selbst die Einheimischen haben sich tagsüber zurückgezogen. Trotzdem: Es war eine schöne Zeit."
Im freien Gelände fühlt sich Helmut am wohlsten. Zwei-, dreimal in der Woche spult er seine Kilometer runter. „Ich weiß eh, dass man

nach Puls und Zeit laufen soll. Aber das vergesse ich immer. Ab fünf, sechs Kilometer will ich nur noch laufen, laufen. Ich denke nicht an meinen Puls, nicht an das Tempo. Ich kann dann stundenlang laufen. Vierzig, fünfzig Kilometer kommen dann schnell zusammen. Einmal bin ich mit zwei Freunden gelaufen. Wie wir dann pausiert haben, haben wir bemerkt, dass wir über fünfzig Kilometer von der Kaserne weg waren. Na, sind wir eben wieder zurückgelaufen! Aber das ist nicht gut. Bei diesen Entfernungen schmilzt das Gewicht weg, wie Butter in der Sonne. Damit tut man seinem Körper nichts Gutes. Ich brauche das Laufen aber. Vor ein paar Tagen bin ich mitten in der Nacht aufgestanden und gelaufen. Bis zum Morgengrauen. Ich wollte mich einfach freilaufen. Und wenn du läufst, dann wird dein Hirn frei. Du kannst wieder klar denken und bekommst ein Glücksgefühl." – Marathon will Helmut keinen laufen. „Ich brauche die Natur. Die Bäume, das Gras, die frische Luft. Ich will nicht einer von 20.000 sein, die da durch die Stadt rennen. Du kannst ja einmal mit mir mitlaufen. In Wien gibt es genug Möglichkeiten!"

Sicher, denke ich mir. Ein paar Kilo weniger schaden nicht, und vielleicht gelingt es mir, das Rauchen aufzugeben. Helmut ist bestimmt ein guter Trainer. Ich werde ihn anrufen. Wenn ich Zeit habe. Vielleicht schon nächste Woche, spätestens übernächste. Laufschuhe habe ich zu Hause. Fast unbenutzt. Die drei Stockwerke von Helmuts Büro nehme ich fast spielerisch. Geht ja auch bergab. Und in spätestens zwei, drei Wochen, wenn wir dann das Lauftraining beginnen ...! Das Treffen mit Helmut war vor einem Jahr. Meine Laufschuhe stehen immer noch unbenutzt im Schrank. Ich habe Helmut nicht angerufen.

Maria

DER WIEDERAUFERSTANDENE JESUS

Ostern stand wieder einmal vor der Tür. Der Pfarrer einer kleinen, aber malerischen Gemeinde in der Wachau betrachtete nachdenklich seine hölzerne Jesusstatue, die in wenigen Wochen der Mittelpunkt der Osterfeierlichkeiten sein sollte. Das Ergebnis teilte er seiner Haushälterin Maria mit. „Maria", sprach der würdige Herr, „unser Jesus ist nicht mehr der Jüngste, hinten am Rücken fehlt beim Gewand das Gold, ein paar Finger fehlen ihm auch. Nimmst ihn am besten und bringst ihn nach Wien zum Restaurator!" Für Maria war es eine willkommene Abwechslung. Sie packte den Jesus in einen Rucksack. Entweder war der Rucksack zu klein oder der Jesus zu groß – jedenfalls schauten seine Arme noch aus dem Rucksack heraus. „Ja, Maria, wo fährst denn hin? Und was hast du da im Rucksack?" begehrten die Einheimischen am Bahnhof zu wissen. Dem einen sagte sie es, dem anderen nicht. Maria war nämlich vom Zweifel gepeinigt. Nervosität und Unsicherheit stellten sich ein. „Was", so dachte sie, „wenn die Leute glauben, dass ich den Jesus gestohlen hätte und ihn in Wien verkaufen würde? Oder wenn einer hört, dass ich mit dem Jesus nach Wien fahre, und der stiehlt ihn mir unterwegs?"

Dann die Zugfahrt. Dem Schaffner war es egal, was Maria da im Rucksack hatte. Er wollte nur die Fahrkarte kontrollieren. Er konnte nicht ahnen, dass ihm da eine Pfarrerhaushälterin gegenüberstand, deren Angst vor dem Moloch Wien immer größer wurde. In Wien würde man sie bestimmt ablenken und ihr mit einem Trick den Jesus entwenden. Wie würde sie das dem Pfarrer erklären können? Der braucht doch den Jesus zu Ostern! Mit allen zehn Fingern und einem goldenen Gewand! Dann die enge U-Bahn! Wenn Maria jetzt irgendwo hängenbleibt mit den Armen vom Jesus, und einer davon reißt ab? Marias Bedenken wurden immer stärker. Ein Stoßgebet folgte dem anderen. „Lieber Gott, hilf mir, deinen Sohn unbeschadet nach Wien zu bringen. Zum Restaurator. Mach, dass nichts passiert. Bitte, bitte!" Maria versprach, Kerzen zu spenden, Andacht zu

halten, immer brav ihre Dienste im Pfarrerhaushalt zu versehen. Nur, bitte, bitte, lieber Gott, schicke mir einen Schutzengel, dass mir nix passiert!
Der Schutzengel trat dann auf. In Gestalt Leopolds, eines Bekannten, der Maria, die sich in Wien nicht auskannte, zum Restaurator bringen sollte. Er fühlte Marias innere Spannungen, ihre seelischen Zerwürfnisse. „Is eh nicht weit", beruhigte er die gepeinigte Haushälterin. Allein: Maria rechnete mit allem. Mit Diebstahl, Beschädigung und Verhaftung. Was, so dachte sie, wenn mich ein Polizist sieht? Mit dem Jesus im Rucksack. Halb drinnen, mit den Händen und dem Kopf heraußen? Der muss doch glauben, dass ich ihn gestohlen habe! Sicher, sie könnte dann im heimatlichen Pfarrhaus anrufen lassen. Dort würde man sagen, dass sie im priesterlichen Auftrag unterwegs sei. Maria würde dann wieder enthaftet. Aber die Schande. Wenn sich das in der Wachau herumspricht, dass sie, die Maria, im Gefängnis war, wenn auch nur ein paar Stunden! Die beruhigenden Worte von Marias Bekanntem prallten an ihr ab. Maria hatte sich aufs Beten verlegt. Nur heil hinkommen zum Restaurator! Den Jesus abgeben und dann wieder heim in die Wachau! Bitte, bitte, lieber Gott.
Das Wunder geschah: Niemand verhaftete Maria, niemand versuchte, ihr die Statue zu entwenden. Unbeschädigt konnte sie ihren Jesus dem Restaurator übergeben. Eine ganze Gerölllawine fiel von Marias Herzen. Und ihre Versprechen hielt sie auch ein: „Lieber Gott", so sprach sie nach der Übergabe, „Gott sei Dank sind wir beide heil angekommen!"
Der Rücktransport verlief dann schon sorgenfreier. Der Jesus war solide bis zur Unkenntlichkeit verpackt und strahlte für Maria bei der Wiederauferstehungsmesse so schön wie nie zuvor. Dank des obersten Chefs vom Herrn Pfarrer und der Künste des Restaurators. So offen Maria auch über ihre Ängste und Nöte während des Transportes sprach, eine Bitte hatte sie: Ich möge den Namen der Gemeinde nicht nennen. Aus Angst vor Kirchendieben, denen ein frisch restaurierter Jesus eine willkommene Beute sein könnte.

Nacht

IM BÖHMISCHEN PRATER

Der Franz ist eher ein ruhiger Typ. Was er sagt, macht er auch, wenn er nichts zu sagen hat, schweigt er. Er denkt mehr als er redet. Am liebsten sitzt er an der Kassa seines Riesenrades im Böhmischen Prater und freut sich, wenn sich seine Kunden freuen. Sind viele Kinder in den Gondeln seines Riesenrades, kann es schon einmal vorkommen, dass er es länger als vorgesehen kreisen lässt. Es gibt ja viel zu sehen von seinem Riesenrad aus. Bedingt durch die geographische Lage sieht man mehr als von der großen Schwester im Wurstelprater, erklärt der Franz gerne.
Angefangen hat der Franz als Gehilfe beim Riesenrad. Er wollte sich zu seiner Tätigkeit als Bauspengler ein bisserl was nebenbei verdienen und hat dann nach Feierabend und an den Wochenenden im Böhmischen Prater ausgeholfen. Irgendwann ist dann der Chef gestorben, und der Franz hat die Witwe geheiratet. Also ist sie eigentlich die Chefin, wenn man es genau nimmt. Aber wer was ist, ist dem Franz ziemlich egal. Hauptsache ist, dass er mit seinem Riesenrad genug zu tun hat. Und das hat er ja. Bei schönem Wetter. Der Franz ist mittlerweile zur Institution im Böhmischen Prater geworden. Er kümmert sich auch um den dort ansässigen Kultur- und Förderverein. Der Franz könnte also einiges zu erzählen haben. Über das Leben vor und hinter den Kulissen des Böhmischen Praters. Fragen wir ihn!
„Habe ich eigentlich nicht", sagt er in seiner ruhigen, bedächtigen Art. „Es gibt nichts Besonderes zu erzählen, alles verläuft bei uns ganz normal!" – „Franz", sag ich ihm, „das gibt es doch nicht. Da kommen jedes Jahr die Leute her, da muss doch was passieren!"
Der Franz denkt nach, dämpft seine Zigarette aus. „Na, tut mir leid. Aber mir fällt nichts ein. Außer dass unser Kasperl mit jungen Jahren verstorben ist und wir jetzt nach Jahren wieder einen neuen haben. Dazwischen haben sich einige andere versucht, auch aus Deutschland. Einen haben wir gehabt, der war Doppeldoktor. Der hat plattdeutsch gesprochen und das hat aber bei uns in Favoriten niemand verstanden. Aber wirklich, der hat zwei Doktortitel

gehabt. Und dann wird er Kasperl! Möchte nicht wissen, was seine Eltern dazu gesagt haben."

Einen echten Wiener Kasperl hat man inzwischen gefunden, und wenn nichts dazwischenkommt, wird er die nächsten Saisonen wieder gratis im Böhmischen Prater das böse Krokodil und andere Räuber verklopfen.

„Und einmal", jetzt kriegt der Franz einen verschmitzten Gesichtsausdruck, „einmal, na, da haben wir ein Theater gehabt. Da ist eine Mutter, sie war so um die dreißig, mit ihrem achtjährigen Sohn im

Riesenrad gefahren. Das Radl beginnt sich zu drehen, auf einmal kriegt der Bub Höhenangst. Springt auf die Mutter los, klammert sich an ihr fest und reißt ihr dadurch die Kleidung vom Leib. Die ist pudelnackert in der Gondel gestanden. Sommer war's und sie hat sowieso nicht viel angehabt. Die Passanten haben das sofort mitbekommen. Die haben zu johlen begonnen und eine Zugabe verlangt. Applaudiert haben sie wie die Wahnsinnigen. Na, i hab des Riesenradl sofort angehalten. Der höchste Punkt ist schließlich fünfundzwanzig Meter. Wer weiß, was der Bub angestellt hätte, wenn die ganz oben gewesen wären? Vorsichtig hab ich die Gondel wieder zum Einstieg zurückgefahren. Die Mutter hat nicht gewusst, wie sie ihre Nacktheit verstecken soll. Es sind ja alle stehen geblieben und haben zugeschaut. Keinen Genierer haben's gehabt, die Leute. Meine Frau hat inzwischen eine Decke geholt für die Mama und sie dann ins Haus gebracht. Mich haben die Leute inzwischen gefragt, ob es das täglich gibt, dass eine nackert mitfährt!"
Gibt's nicht! „Obwohl", schwärmt der Franz, „eine Riesenwerbung wäre das schon für uns, wenn da in der Zeitung steht: Nackt im Böhmischen Prater!"

Karli

DER ZOCKER

Es gibt sie noch. Die Herren, die in bestimmten Hinterzimmern diverser Lokale zusammentreffen und dort genug Geld auf den Tisch legen, um dafür ein Reihenhaus im Grünen mit Garage und Auto zu kaufen. Bezahlt wird bei diesen Treffen stets in bar. Aus der Brieftasche oder aus dem Kofferraum. Einer dieser Herren ist der Karli. Er ist Stoßspieler. Einen Bungalow im Grünen hat er bereits, dazu einen überdachten Swimmingpool im Garten. Das Dach des Pools lässt sich elektrisch zusammenschieben, um den Sonnenschein ungetrübt genießen zu können. Ein paar Lautsprecher hat er sich noch einbauen lassen und eine Wellenanlage. Vor dem Haus hat Karli einen Mercedes stehen. Einen Sportwagen, der alle Stückerln spielt. „Die Extras zum Auto waren teurer als das Auto selber", sagt Karli voll Stolz. Über 100.000 Euro hat der Karli für sein schwarz schimmerndes Prachtstück hingelegt. Auf dem Rücksitz hat der Karli zwei Zierpolster liegen. Sie sind schwarz-gold und zeigen Motive aus der indischen Liebeslehre Kamasutra. „Wenn ich im Osten bin, in Ungarn, Tschechien oder der Slowakei, nehme ich die Polster immer in das Hotelzimmer mit. Das Auto, wenn es mir gestohlen wird, kann ich mir wieder kaufen. Aber die Polster krieg ich kein zweites Mal", sagt er.

Finanziell bezeichnet sich der Karli selbst als schwerelos, soll heißen, er hat genug. Er bringt es zwar fertig, mit einem Kellner um einen Fehlbetrag von 50 Cent zu streiten – „Ummeheben lasse ich mich ungern" –, gibt aber demselben Kellner dann ohne mit der Wimper zu zucken zehn oder zwanzig Euro Trinkgeld. Eigentlich ist der Karli studierter Ingenieur. Sein Vater hat eines der größten Planungsbüros in Wien gehabt. Der Karli hätte es einmal übernehmen sollen. Hätte – aber der Karli wollte nicht. Er hat andere Interessen gehabt. Frauen und Geld. „Dieses schnelle Spiel mit den Karten, Sekunden, die über Glück und Unglück entscheiden! Wer zeigt die besseren Nerven? Den Gegner besiegen, ihm sein Geld wegzunehmen! Alles zusammen gibt mir ein besonderes Gefühl. Ein Gefühl der Macht, der persönlichen Befriedigung. Es hat einen ganz eigenen Reiz!" Die

Karten lassen den Karli nicht mehr los. Er träumt von ihnen, übt mischen, übt immer wieder die Tricks der Falschspieler.

„Man muss verdammt aufpassen. Kann sein, dass dich zwei ausnehmen wollen. Die spielen zusammen, und du bleibst über. Kennst du aber deren Tricks, dann kannst du Gegentricks einsetzen. Anders mischen, anders austeilen. Oder rechtzeitig aufhören. Die lassen dich anfangs gewinnen, dann drehen sie den Spieß um, und du verlierst alles wieder. Außerdem musst du immer genug Geld dabeihaben. Wenn einer mehr setzt, und du kannst nicht mitziehen, musst du aussteigen und hast verloren. Folglich habe ich immer an die dreißig-, vierzigtausend Euro im Kofferraum. Wenn das nicht reicht, dann steht ein zweites Auto bereit. Das kommt innerhalb weniger Minuten. Mit einem vollen Kofferraum!"

Früher, schwärmt der Karli, sei mehr Geld im Umlauf gewesen. Aber jetzt in den wirtschaftlich schwierigeren Zeiten sei alles nicht mehr wie es war. „Früher habe ich einmal mehr als eine halbe Million Schilling innerhalb von zehn Minuten gewonnen. Heute sind es bestenfalls 20.000 Euro. Aber bitte, das ist alles steuerfrei, und ich spiele nur noch für meinen Lebensunterhalt. Alles andere habe ich bereits."

Mit „alles haben" meint Karli auch die Frauen. Seine Freundinnen sind zwischen zwanzig und Mitte dreißig. Der Karli selber Mitte fünfzig. Durchtrainiert ist er, weil er täglich joggen geht. Einen guten Schmäh hat er auch drauf. Und wenn er eine größere Summe gewonnen hat, zeigt er sich großzügig. Dazu kommt noch sein gutes Aussehen, und alles zusammen macht den Karli beliebt bei den Frauen und, wenn er einmal verliert, auch beliebt bei seinen Spielkumpanen.

Georg

DER CHAMPION

Wenn er gut aufgelegt ist, tanzt er Flamenco. Dann merkt man dem gedrungenen, älteren Herrn an, dass er eine sportliche Vergangenheit hat. Wie er seine Beine tänzeln lässt, seinen mittlerweile schwerer gewordenen Körper unter Kontrolle hat. Aber Georg tanzt nur noch selten den Flamenco. Er muss schon in sehr gehobener Stimmung sein, um ihn zu tanzen. Da lässt er eher zum Schrecken der Wirte ein volles Glas fallen und fängt es wieder auf, ohne dabei einen Tropfen zu verschütten.

Georg war früher ein Ass im Tennis. Den Daviscup in Helsinki hat er vor Jahrzehnten gewonnen. Er spricht das Cup wie „Köp" aus. „Da habe ich die Mannschaft zum Frühstück eingeladen. Das war teurer, als das Preisgeld ausgemacht hat", grinst er. Aber aus Geld hat sich Georg nie etwas gemacht. Geld hat man, darüber spricht man nicht. Geld hatten Georgs Frauen. Er hat immer nur reiche Frauen geheiratet. Frauen, die er meistens beim Tennis kennen gelernt hat. Mit seiner jetzigen Frau hat Georg ein Restaurant gehabt. Als diese einmal in der Küche aushalf, konnte Georg stolz erzählen: „Meine Frau ist zur Zeit bestimmt die einzige Köchin in Wien, die mit Schmuck um 200.000 Euro in der Küche steht."

Georg hat natürlich auch eigenes Geld verdient. Zehn-, zwanzigtausend Schilling am Tag. „Ich habe einmal einem Regionalmeister im Tennis, es war im Tessin, eine Wette angeboten. Ich spiele mit der Bratpfanne, er mit seinem Tennisschläger. Um eine gröbere Summe haben wir gespielt. Der hat mich für deppert gehalten. Nach dem Match hat er aber deppert dreingeschaut. Er hat nämlich verloren!"

Die Bratpfannennummer hat Georg einiges Geld eingebracht. Halbprofis und begeisterte Amateure wollten es wissen. Sie mit dem Schläger, Georg mit der Bratpfanne. Weitere Varianten: A: Sie mit dem Schläger, Georg ohne. Er musste die Bälle mit der Hand auffangen. Variante B: Georg pflasterte seinen Teil des Spielplatzes mit Bierflaschen. Warf er während des Spieles eine um, hatte er verloren. Der Spieleinsatz: eine Handvoll Tausender! Georg hat meistens gewonnen. Heute ist es nicht mehr so, sagt er. Heute ist er doch schon langsamer geworden. Aber früher ...

Georg kann immer noch jeden Schlag voraussagen. Wenn er vorm Fernseher sitzt, sagt er voraus, wie der Gegner den Ball annimmt und wie er ihn zurückschmettert. Beim Tennis kennt er sich aus. Da ist er perfekt. „Einmal schaue ich mir bei einem Freund ein Wimbledonmatch an", erzählt Georg. „Schmähhalber sage ich zu ihm: Wieso sitzen wir nicht dort und schauen uns das Spiel direkt an? Na, wir lassen die Telefondrähte glühen, Privatflugzeug haben wir gehabt, und ein paar Stunden später sitzen wir in Wimbledon. Einige Spieler haben mich erkannt und mich winkend begrüßt. Das hat die englische Queen so sehr irritiert, dass sie wissen wollte, wer ich sei."

Wer in den 60er, 70er und 80er Jahren etwas zählte im Tennis, ist mit Georg bekannt. Nastase besucht ihn, Tiriac lässt grüßen. Mit Hans Kary geht er auf ein Achterl zum Naschmarkt. Meistens zum Urbanek. Sportlerfreundschaften, die ewig halten.

Georg kennt auch fast alle Wirtschaftsmanager Österreichs. Vom Tennis. Einige davon hat er trainiert, die anderen beim Feiern kennen gelernt. Auf diese Art konnte Georg auch einige Geschäfte vermitteln. Der eine hat was gebraucht, was der andere hatte. Georg hat sie zusammengeführt. Gute Geschäfte hat man da gemacht. Jeder hat verdient. Nur Georg nicht. Dem blieb meistens die Rechnung vom Lokal, in dem er die Neopartner zusammengebracht hat.

Georg nimmt es gelassen. Das Leben hat ihn reich beschenkt mit seinem Talent beim Tennis. Da ist er anerkannt, da kann er mitreden. Davon erzählt er auch gerne, wenn man ihn auf ein Achterl einlädt und sagt: „Georg, erzähle einmal! Wie war das damals beim Tennis?"

Alfi

DER FEINSCHMECKER

Das Haus ist grau, wird gerade renoviert. Ein klassischer Wiener Altbau im neunten Bezirk. Ein Stiegenhaus, das nach der Renovierung bestimmt gut aussehen wird, führt zu Alfis Wohnung. Geschätzte hundertsechzig Quadratmeter. Die Möblierung ist erlesen. Handgefertigte Einzelstücke erzählt mir Alfi dann später. Man möchte es ja bequem haben.

Alfi ist Computerzampano in einer großen Firma. Er gehört dort zu den Spitzenverdienern. Seine Frau verdient sich das tägliche Brot ebenfalls in einer gehobenen Position. Sie ist eine Frau Doktor, er ohne Titel. Keine Kinder. Womit sich die Frage stellt: Wie lässt sich das Familieneinkommen am sinnvollsten verwerten? Alfi hat einen Weg gefunden. Er hat da investiert, wo er die meisten Prozente bekommt. In Spirituosen, edle Weine und Delikatessen. Er kennt die Feinkostläden Wiens, kennt das Angebot vom Naschmarkt. Wenn er was kauft, dann vom Feinsten. Die zehn, zwanzig Euro mehr für zwanzig Deka spürt er nicht. Da ist es schon schmerzhafter für ihn, wenn ein schlechter Käse oder ein schlecht gelagerter Schinken seinen Gaumen beleidigt. Alfi will da immer auf Nummer sicher gehen. Wenn seine Nasenflügel zu vibrieren beginnen, geht es buchstäblich ans Eingemachte. Sein Geruchssinn ist unbestechlich und entscheidet über die Zukunft des Berochenen. Gaumen oder Verbleib in der Verkaufsvitrine.

„Ich kaufe natürlich auch billige Sachen ein. Der Preis ist nicht unbedingt das Kriterium, aber es ist schon so, dass man die Qualität eher bei den hochpreisigen Artikeln findet", sagt er und stellt zwei Flaschen Bier auf den Tisch. Ein in Fachkreisen anerkanntes, gutes Bier. Keine Massenware. Weil Alfi nicht immer Lust hat, eine ganze Flasche Wein zu trinken, greift er zum Bier. Obwohl er in seiner Wohnung Weine verbunkert hat, mit denen jedes Toprestaurant renommieren könnte. Aber Wein trinkt man für den Genuss, Bier oder Mineral gegen den Durst. An die achthundert Flaschen Wein hat Alfi in seiner Wohnung. Für die teuerste hat er um die hundert Euro bezahlt, die anderen waren nicht wesentlich billiger. Gelagert werden die Weine in Kühlschränken. Alle mit Klimazonen ausgestattet. Jede Sorte in der Idealtemperatur eingelagert. Drei Kühlschränke beherbergen Getränke, zwei Nahrungsmittel. „Falls einmal ein harter Winter kommt, bin ich vorbereitet“, lächelt Alfi.

Wenn seine Frau nicht an die 120 Paar Schuhe hätte, könnte er sich mehr Platz für Wein schaffen, übt er leise Kritik. Es sei schon jeder Winkel in der Wohnung geschickt als Lagerungsstätte ausgenutzt. Aber die 120 Paar Schuhe seiner Frau sowie deren 5000 Bücher würden leider zu viel Platz beanspruchen. In einer Vitrine hat Alfi seine Spirituosensammlung eingelagert. Über 200 Flaschen edler Brände: Heimisches, Englisches und Französisches. Ein Armagnac aus dem Jahr 1942 ist Alfis Stolz. Aber auch der Rest ist nicht zu verachten. „Bitte, das sind aber alles Sachen, die man nicht einfach so hinuntersäuft. Die muss man genießen. Ab da, wo das Hirn umnebelt ist, hat man nichts mehr davon.“

Ob Alfi jemals betrunken war? – Er denkt nach und schüttelt verneinend den Kopf. So weit er sich erinnern kann: Nein! Vielleicht in der Jugend, aber in den letzten Jahren – nein, wirklich nicht! Wäre ja auch dumm, die Kostbarkeiten hirnlos in sich hineinzuschütten.

Alfis Freunden ist es naturgemäß lieber, bei ihm eingeladen zu werden. Ist das nicht möglich, lädt man eben Alfi zu sich. Die Möglichkeit, dass er ein Flascherl als Gastgeschenk mitbringt, ist fast garantiert. Außerdem lässt sich Alfi bei Computerproblemen gut verwenden. So nach dem Motto: Geh, schau dir das geschwind an! Ein Freund hat es einmal übertrieben. Er wollte, dass Alfi die technischen Möglichkeiten eines gerade gekauften Computers testet. Alfi verweigerte. Treuherzigen Blickes versicherte er seinem Freund: „Das wär ja so, als wenn du den Eddie Merckx bittest, mit dem Dreiradler von deiner Tochter eine Runde um den Häuserblock zu machen!“

Auch ein Wirt bekam einmal Alfis Bissigkeit zu spüren. Alfi vergnügte sich mit Freunden bei einem guten Bier, als der Wirt zur Runde stieß. Dieser wusste um Alfis Weinkenntnisse und war verwundert, dass Alfi trotz einer imposanten Weinkarte dem Hopfensaft zusprach. Er würde nie im Leben Schankwein trinken, beteuert Alfi. Der Wirt lächelt gütig, stellte Gläser auf den Tisch und schenkt ein. Den aber schon!! Alfi hält sich das Glas unter die Nase. „Nein,

das ist ein Schankwein!" – „Wirklich nicht!" der Wirt. Alfi stellt das Glas auf den Tisch. „Aber sicher!"
„Nur vom Riechen lässt sich das nicht feststellen. Da muss man schon ein paar Tropfen schlucken", drängt der Wirt. Alfi schüttelt den Kopf und weigert sich, zu trinken. Der Wirt wird grantig. „Na, von einem Schluck wird man nicht gleich sterben! Oder vielleicht kennst du dich doch nicht so gut aus beim Wein?" Damit weckt der Wirt Alfis Ehrgeiz. Alfi lässt einen abgezählten Tropfen auf seine Zunge. „Wie ich gesagt habe, ein Schankwein!" Jetzt ist der Wirt endgültig überzeugt, dass Alfi in Sachen Wein ein blutiger Laie ist. Ein Wichtigtuer! Er haut mit der Hand auf den Tisch: „Jetzt kann ich es ja sagen. Das ist ein junger Valpolicella. Im Fass frisch aus Italien importiert, und das Fass habe ich gerade jetzt aufgemacht!" – Alfi verzieht die Miene: „Warum hast das arme Fassl nicht zu gelassen?" Ob er denn keine Angst habe, dass seine Putzfrau hin und wieder ein Schluckerl aus Alfis Schätzen verkosten würde, will ich wissen. „Eigentlich nicht", sagt Alfi. „Das lässt sich schon verschmerzen. Aber wenn sie meinen Brunello 88 austrinken würde, da hätten wir schon ein Problem!"

Rudi

DER HERRGOTTSCHNITZER

Es ist auch schon einige Jahrzehnte her, dass man im Lungau den Rudi gebar. In der Volksschule war er brav, und in der örtlich ansässigen Holzschnitzschule bewies er viel Talent. Rudis Zukunft als Holzschnitzer schien gesichert. Spätestens als er in Hallein einen acht Meter hohen, eindrucksvollen und ehrfurchtgebietenden Herrgott schnitzte, galt er als gemachter Mann. Rudi galt als der beste Holzschnitzer weit und breit. Gab man ihm ein Stück Holz und ein Messer in die Hand, zauberte Rudi ein Kunststück daraus. Er sah, was im Holz verborgen war, schnitzte das Überflüssige weg, und schon kam eine Figur in Form eines Tieres oder Menschen zum Vorschein. Selbst seine ärgsten Konkurrenten nannten Rudis Finger begnadet.

Von derlei Kunstfertigkeit angetan, verliebte sich eine Vorarlbergerin in Rudi. Rudi half dort während der Wintersaison in der Gastronomie aus, denn vom Holzschnitzen allein konnte er noch nicht leben. Die Liebe der beiden war groß, und es kam bald der Tag, an dem auch das Bäuchlein der Vorarlbergerin immer größer wurde.

Die Liebe hatte Früchte getragen. Und das im ehrbaren Ländle! Die Eltern beider einigten sich darauf, dass umgehend geheiratet werden müsse. Alles andere stand außer Diskussion. Rudi unterzog seine Gefühle einer strengen Prüfung und kam zu dem Schluss, es wäre das Beste, nach Spanien auf Urlaub zu fahren. Vor der Hochzeit, versteht sich. Und allein! Rudi war damals neunzehn Jahre alt. Er forderte alles vom Leben, nur zwei Dinge nicht: eine Ehefrau und ein Kind. Rudis Urlaub in Spanien währte vierzehn Jahre.

„Geschnitzt habe ich dort, in Restaurants als Kellner gearbeitet, eine Tauchschule habe ich gehabt, und ich war der erste Großleinwandmaler!" kramt er in seinen sonnigen Erinnerungen. „Ich habe da riesige Leinwände, so groß wie im Kino, am Strand ausgerollt. Mit verschiedenen Besen habe ich dann Segelschiffe im Mondschein oder andere kitschige Touristenmotive gemalt, das Bild dann zerschnitten und so kleinweise weiterverkauft. Die Touristen waren ganz narrisch darauf. Also, Geld habe ich genug verdient."

Nach vierzehn Jahren Spanien und dort vor Ort gezeugten drei Kindern zog es Rudi wieder nach Österreich zurück. Dem Lungau und Vorarlberg blieb er fern. Sicherheitshalber. Er siedelte sich in Wien an.

„Da habe ich kellneriert und wieder zu schnitzen begonnen. Holzdecken, Figuren. Meinem Bruder habe ich ein komplettes Ritterzimmer, Wände und Decke – alles aus bestem Holz, geschnitzt." Der Jammer sei, dass die wenigsten Leute noch auf Schnitzereien Wert legen würden. Vielen sei es auch zu teuer. Wenngleich: „Erst muss man das richtige Holz finden, du kannst nicht jedes nehmen. Dann kannst ausrutschen, dich verschneiden. Musst wieder von vorne anfangen! Die Stunden, die du dann schnitzt, also nur die reine Arbeitszeit. Da müsste man ja noch mehr Geld verlangen. Und das will keiner mehr bezahlen. Außer vielleicht ein absoluter Liebhaber von Schnitzereien!"

Und so schnitzt der Rudi immer weniger. Er arbeitet jetzt in einem kleinen Lokal auf dem Meiselmarkt in Wien. Führt tagsüber Schmäh und widmet sich abends seinen Messern und Uhren. Tausendeinhundert Messer hat er und zweihundertachtzig Uhren. Die wollen ja auch gepflegt werden. Für seine Kinder will er auch Zeit haben. Elf sind es inzwischen. Acht eigene und drei angeheiratete. Aber der Rudi ist ja ein Naturbursche vom Land. Da sind acht Kinder nicht viel. Und wer weiß, vielleicht sind es auch mehr. Nur der Rudi weiß nichts davon.

Helga

EIN LEBEN FÜR DEN FUSSBALL

Wenn Helga lacht, hört man sie im ganzen Haus. Wenn sie wütend schreit, in der ganzen Umgebung. Helga ist Wirtin in der Kantine des FavAC. Dirigiert von dort die Einkäufe, die Küche, die Reinigung der Dressen, der Kabinen, der Duschen und der Toiletten. Sie schleppt Bierkisten, Tiefgefrorenes, lässt es in der Küche dampfen, braten, brutzeln, sieden. Helga ist die gute Seele des Hauses. Dienstbeginn ist 7 Uhr früh, fünfzehn Stunden danach, gegen 22 Uhr, ist dann Feierabend. Täglich, versteht sich. Samstag, Sonntag eher länger. Schließlich ist da voller Spielbetrieb. Entweder spielen die Jugendmannschaften oder findet sich die Kampfmannschaft ein. Dann sind an die zwei-, dreihundert Zuschauer zu versorgen. An solchen Tagen hat Helga ihre Aushilfen. Es gelingt ihr zwar gelegentlich, an zwei Plätzen auf einmal zu sein, aber nicht immer. Fußballfans haben Hunger und Durst, aber keine Geduld. Sie wollen sich nicht lange um ein Krügerl und eine Schnitzelsemmel anstellen. Könnten ja ein Tor ihres Vereines versäumen. Und dann nicht mitreden können, wessen Verdienst oder wessen Schuld das Tor war. Ein furchtbarer Gedanke. So wie ein Hamster in seinem Laufrad rennt, rennt Helga, um das Gefüge der kulinarischen Versorgung aufrechtzuhalten.

Helga ist leicht zu erkennen. Wenn sie lacht oder schreit, an der Lautstärke, sollte sie einmal ruhig sein, dann an ihrer Frisur. Meistens trägt Helga schwarze Haare mit einem roten Streifen darin, die FavAC-Farben. Erwähnenswert noch: Helga dürfte in den nächsten Jahren den 50er anpeilen, ist nicht sehr groß gewachsen, dafür aber leicht mollig. Und sie hat das Sagen auf dem Platz. Manchmal reicht auch ein strenger Blick. Keiner auf dem Platz kann so streng schauen wie sie. So weit die Beobachtungen – jetzt zum Interview. Helga nimmt sich fünf Minuten Zeit. Die Antworten kommen kurz, prägnant. Eigentlich müsste sie jetzt in der Kantine stehen. Das lässt sie mich auch spüren. Aber ausnahmsweise: „Was für ein Blödsinn ist denn das? Wozu willst mich interviewen?“ hat sie den Schlüssel zum Vorstandsbüro genommen und aufgesperrt. Da ist es ruhiger. Da kann auch niemand hören, was sie sagt. Muss ja nicht jeder wissen, was sie denkt und sagt. Auch wenn es am nächsten Tag im Radio zu hören sein wird. Das ist dann schon wieder was anderes. Alsdann, Helga: Bei der Arbeitsfülle, wie schaut es da mit einem Mann aus? – Treuherziger Blick: „An Mann könnt i mir wirklich net leisten bei der Arbeitsbelastung. Das hält ja keiner aus! Wann soll ich denn für ihn da sein? Fußball ist mein Leben, meine Erfüllung, und das wäre es dann schon.“ Eine Minute später gesteht Helga dann, dass es doch zwei, eigentlich drei Männer in ihrem Leben gibt: „Na ja, den Hansi Hinterseer habe ich ganz gerne. Manche sagen ja, er

kann nicht singen, aber mir gefällt er und seine Musik. Und auf das kommt's ja an." Mann Nummer zwei. Von ihm hängen Fotos an der Kantinenwand. Er allein, er mit Helga.

„Der Toni Polster. Ja, das ist ein ganz guter Freund von mir. Den kenn ich schon seit zwanzig Jahren. Ich war ja früher Austria-Fan, aber jetzt bin ich ausschließlich FavAC-Fan. Wirklich, mein Herz schlägt nur noch für den FavAC." Die Frage nach dem dritten Mann in Helgas Leben bringt Trauerflor in ihre Augen: „Ja, das ist mein Gismo. Ein Malteser, ein paar Monate alt, das war mein Liebling. Aber der ist gestorben, den haben sie mir vor ein paar Tagen überfahren!" – Fragender Blick Helgas. Noch was? – Nein, eigentlich nicht!

Mir ging es ja nur darum, aufzuzeigen, dass es Frauen nötig hat, damit die Männerwelt des Fußballes funktioniert.

Susanne

UND DIE TOURISTEN

Geht man am Naschmarkt beim Fischmarkt und bei den Gemüseständen vorbei, kommt man zu einem Gewölbe, das zur Restaurantmeile des Naschmarktes führt. In diesem Gewölbe gibt es einen Würstelstand. Dessen Personal wechselt des öfteren. Wer aber länger als ein paar Wochen dort arbeitet, wird notgedrungen zum Original. Zu vielfältig sind die Erlebnisse dort. Irgendwann zwingt einen das Publikum, selber Farbe zu bekennen, seine Persönlichkeit einzubringen. Mit Höflichkeitsfloskeln kann man dort nicht überleben. Eine, die gelegentlich dort arbeitet, ist Susanne. Aus bürgerlichen Verhältnissen kommend, ist sie der Faszination des Marktes erlegen. Zu gern spricht sie mit den verschiedenen Leuten, die dort verkehren. „Ein ehemaliger Minister und jetzt Großindustrieller kommt immer vorbei auf ein Burenhäutel mit Salzgurke. Der ist in Ordnung, von dem kriegt man immer ein Trinkgeld! Aber die Touristen. Jessas! Mir wäre es am liebsten, wenn keine auf dem Naschmarkt wären. Bei unsere Gsuff weiß man ja, woran man ist. Aber die Touristen ...!" Susanne schlägt die Hände über dem Kopf zusammen. „Da kommen sechs Deutsche vorbei. Die teilen sich eine Burenwurst mit einer Dose Bier! Und sechs Gläser wollten sie natürlich!! Ich denke mir, die wollen nur probieren. Aber ein Bier, weiß doch eh jeder, wie es schmeckt. Gut, stelle ich ihnen die sechs Portionen hin. Jeder nimmt sich sein Stückerl, trinkt seinen Schluck. Wollten's getrennt bezahlen! Na, hab ich halt umrechnen müssen. Oder die Italiener: Die wollten einen Hotdog auf drei Teile. Mach ich einen, schneide ihn auf drei Teile und denke mir: Küsst's mich auf der Körperstelle, auf der ich sonst sitze, und schau, wie sich der tut, der den mittleren Teil verschlingt. Beißt er an einem Ende hinein, kommen am anderen das Ketchup und der Senf heraus. Er hat sich auch prompt angepatzt! Und dann die Engländer: Der Senf zum Würstel ist ja gratis. Die verlangen immer mehr Senf nach. Ich denke mir nix dabei und gebe ihnen, was sie verlangen. Ist natürlich genug Senf am Tatzerl übrig geblieben. Fangt einer mit mir zu reden an. Denk ich mir: Was will der? – Ich rede ja kein Englisch, hole mir

also einen Gast, der Englisch spricht, damit er mir übersetzt. Wollten die Engländer doch tatsächlich ein Senfgeld zurückhaben. Für den Senf, den sie nicht gegessen haben!"
Trinkgeld gibt es auch keines, sagt Susanne. Die Leute sitzen auf ihren Euros. Da kann sie nur den Kopf schütteln. Bei dem, was sie verdient, ist sie auf Trinkgeld angewiesen. Und da meint Susanne, sollten die Touristen großzügiger sein. „Erst fliegen s' stundenlang nach Wien, wohnen in einem Superhotel, gehen dann zu einem Würstelstand, essen ein billiges Würstel und geben kein Trinkgeld. So steht die Welt nimmer lang!"
Dafür steht der Naschmarkt aber ewig. Zum Glück für Susanne. Sie hat inzwischen ihren Arbeitgeber gewechselt. Dem Naschmarkt ist sie aber erhalten geblieben. Sie braucht das Völkergemisch, die kleinen Ärgernisse und Freuden, die einem nur das Marktleben zu bieten hat. Wäre doch kein Leben, wenn da jemand verhaftet wird, einen Lottogewinn macht oder einen Schicksalsschlag erlitten hat. Und die Susanne erfährt nichts davon! Noch schlimmer, sie erfährt davon und hat niemanden, dem sie es weitererzählen kann. Nein, furchtbar. Daran mag die Susanne gar nicht denken. Der Naschmarkt bietet Susanne alles, was sie zum Leben braucht. Mehr will sie nicht mehr!!

Christian

UND DIE SCHWERPARTIE

Nicht jeder hat einen Geldtresor. Wenn einer einen will, muss er ihn kaufen. Dann wird er zugestellt. Hat einer einen und zieht um, muss er ihn transportieren lassen. In beiden Fällen tritt die Schwerpartie in Aktion. Die Schwerpartie ist eine Gruppe von Möbelpackern, die sich innerhalb einer Spedition auf den Transport solcher gewichtigen Brummer spezialisiert hat. Einer davon ist Christian aus Oberösterreich. „Erst schauen wir uns das Werkel an. Hält der Boden das Gewicht aus? Da sind schon Treppenhäuser eingestürzt, weil sie baufällig waren und das Gewicht des Safes nicht tragen konnten. Dann wird ausgemessen. Passt der Tresor überhaupt noch in das Treppenhaus? Oft genug ist umgebaut worden, und man kann den Tresor nicht mehr aus der Wohnung bringen. Durch nachträglich eingebaute Wärmedämmungen sind oft die Gänge enger geworden. Man muss auf jeden Fall den Transportweg ausmessen. Ja und dann, vorausgesetzt, es passt alles, kommen vier Mann. Die wuchten den Tresor auf einen Schlitten. Mehr Leute gehen eigentlich nicht, weil die sich gegenseitig im Weg stehen würden. In Ausnahmefällen ist vielleicht ein weiterer dabei. So lange es noch eben geht, ist das kein Problem. Kompliziert wird es erst im Treppenhaus. Drei Mann gehen hinter dem Tresor und führen mit ihren Gurten den Schlitten. Auf die musst du dich verlassen können. Wenn einer von den dreien versagt, einen Kreislaufkollaps kriegt oder der Gurt rutscht ihm aus der Hand, weil ihn die Kraft verlässt, ist für den, der unten zieht und lenkt, der Ofen aus."

Unten geht meistens der Christian. Er ist jung, sportlich und kann sich vielleicht mit einem Sprung retten, wenn der Tresor ins Rutschen kommt. Wie gesagt, vielleicht. Im Ernstfall ist es zum Glück nicht passiert. „Da hat einmal eine Frau, bei der wir transportiert haben, auf ihrem Handy die Notrufnummer eingetastet, dass sie gleich Hilfe holen kann. Habe ich ihr gesagt: Gnädige Frau, wenn uns ihr Tresor ausrutscht, dann brauche ich keine Rettung mehr. Das überlebe ich nämlich nicht. Wollte sie die ganze Aktion abbrechen! Jetzt haben wir sie wieder beruhigen müssen und gesagt, es wäre schon in Ordnung, dass sie die Rettung ruft. Dabei wiegt so ein Tresor je nach Bauart an die tausend Kilo, und wenn du unter den zu liegen kommst, hilft dir keine Feuerwehr oder Rettung mehr. Schlimm ist es, wenn sich der Tresor dann verkantet. Da müssen wir ihn wieder losreißen und da kann es passieren, dass er ins Rutschen kommt. Und wenn er einmal unkontrolliert rutscht, dann ..." Christian verdreht die Augen gegen den Himmel. Warum machst du das dann, Christian? Ist ja doch lebensgefährlich! „Na, wegen der Prämie und dem Trinkgeld! Irgendwer muss den Job ja erledigen."

Unten angekommen, gibt es ein letztes Problem. Die Hebebühne des Lkw muss den Tresor noch heben können. Da sind Bühnen bereits abgebrochen oder der Lkw ist zu leicht gewesen und hat sich vorne gehoben, der Tresor ist von der Hebebühne gerutscht und einem auf die Zehen gefallen. Erst wenn der Tresor sicher im Inneren verstaut ist, darf die Schwerpartie pausieren. Mit einem Bier? – „Na, sicher nicht, bei so was muss jeder total nüchtern sein! Aber nachher, wenn alles erledigt ist. Dann gibt es schon ein Bier mit einem kleinen Dankeschön, dass alles wieder gut gegangen ist!"

Helmut

UND DIE POLIZEI

Helmut ist Hausbesorger in Wien. In Währing wacht er über den Ursulinenhof. Eine große Anlage mit vielen Bewohnern. Und wo viele Bewohner sind, gibt es auch viele Probleme. Leichte und schwerere. „Da hat mich einmal eine ältere Frau angerufen: Kommen S', kommen S' schnell, im Hof ist eine nackte Frau. Des is a Skandal! Schreiten S' ein! Tun Sie was! Na, ich renn hinaus, geh durch den Hof und seh nichts. Da war keine nackte Frau. Eine Maurerpartie hat gerade im Hof gearbeitet. Die habe ich gefragt, ob sie was gesehen hätten. Nein, haben sie nicht. Eine nackte Frau wäre ihnen bestimmt aufgefallen, haben sie gegrinst. Geh ich zurück und ruf die alte Frau an. Da ist nichts! Doch, doch, beim Kinderspielplatz ist sie gesessen. Sie ist sich ganz sicher. Gehe ich noch einmal hinaus in den Hof, suche die Büsche ab und frage die Maurer noch einmal. Die schütteln verneinend den Kopf. Na, da, beim Kinderspielplatz. Da soll sie gesessen haben, sage ich. Auf einmal fangen die Maurer zu lachen an. Jetzt wissen wir's. Das war unser dicker Franzl! Der ist dort gesessen und hat seine Jause gegessen. Der Franzl hat eine kurze Hose an, und weil er so dick ist, wölben sich seine Speckfalten von oben nach unten, da kann es schon sein, dass, wenn man ihn von oben sieht, er ausschaut wie eine nackte Frau. Bei dem Bauch hat man seine kurze Hose wirklich nicht sehen können!"
Helmut konnte seine ältere Mieterin letzten Endes überzeugen, dass hier kein Verstoß gegen Moral, Sitte und Anstand vorliegt. Nachdem er ihr den „dicken Franzl" telefonisch erklärte, meinte diese: „Na ja, Hauptsache, die nackerte Frau ist nicht mehr da. Wo doch so viele Kinder im Hof spielen!"
Es ist schon Jahre her, dass ein Reifenschlitzer vor Helmuts Ursulinenhof sein Unwesen trieb. Nächtens tauchte er auf, verrichtete sein schädliches Werk und entschwand wieder im Dunkel der Nacht. Nun lässt sich gerade von Helmuts Küchenfenster, ebenerdig gelegen, die Michaelerstraße, in der der Reifenschlitzer sein Unwesen trieb, am besten beobachten. Folglich war es nur eine Frage der Zeit, bis ein Trupp Kripobeamter abends an Helmuts Türe klopfte:

„Helmut, putz deine Küchenfenster. Wir kommen zu dir!" Helmut stellte sich in den Dienst von Recht und Ordnung und seine Küche zur Verfügung. Die Beamten hatten gewichtiges Gepäck dabei. Als Erstes stellten sie eine Palette Bier auf den Küchentisch, daneben dann eine Videokamera. Der Täter sollte zwecks Beweisführung während seiner Umtriebe gefilmt werden. Immerhin hatte selbiger bereits einen Schaden von runden vierzigtausend Euro zugunsten der Reifenindustrie verursacht. Nachdem das erste Bier getrunken war, Helmut hatte man keines angeboten, ging man daran, die Videokamera drehfertig zu machen. Ratlose Gesichter seitens der Kripo. Man hatte die Videokassette vergessen. Aber hier konnte Helmut, der Haushüter, den Gesetzeshütern helfen. Als begeisterter Videofilmer hatte Helmut eine passende Leerkassette zur Verfügung. Zum Dank gab es dann auch eine Dose Bier aus dem Vorrat der Kriminalbeamten. Nachdem man es sich nun häuslich eingerichtet hatte, harrte man in der Geborgenheit der Küche des Täters. Punkt 21 Uhr stand man auf und packte das verbliebene Bier und die Videokamera ein. Der Reifenschlitzer sei nicht erschienen, Überstunden würden derzeit keine bezahlt und somit sei man mit 21 Uhr bei Dienstende angelangt. Aber am nächsten Tag würde man wiederkommen.

Man kam auch. Wieder mit Videokamera und einem entsprechenden Vorrat an Bier. Wieder bis 21 Uhr. Wieder mit dem Ergebnis vom Vortag. Leere Bierdosen und kein Täter!

Am dritten Tag wiederholte sich der Vorgang. Diesmal aber unter anderen Voraussetzungen. Die wackeren Kriminalbeamten hatten ein Auto mit polnischen Kennzeichen präpariert, weil der gesuchte Reifenschlitzer sein Werk nur an Autos mit ausländischen Kennzeichen verrichtete. Und man hatte eine Zusage bekommen, dass anfallende Überstunden bezahlt würden. Es war dann auch weit nach 21 Uhr, als ein Schatten in der Nähe des präparierten Autos herumhuschte. Der Reifenschlitzer! Jetzt wurde blitzartig amtsgehandelt. Helmuts Küchenfenster wurde aufgerissen, die Kripoleute sprangen auf die Straße und verhafteten den verdatterten Schlitzer. Am nächsten Abend durfte Helmut sein Bier wieder allein genießen.

Franz

UND DER ELEFANT

Zart besaitete Mitmenschen sollten die folgenden Zeilen überblättern. Es geht da um einen Vorgang, der heute zum Glück nicht mehr denkbar ist. Aber früher, zu einer Zeit, wo man sich noch Kettenhunde hielt, das Wort Tierliebe im persönlichen Wortschatz fehlte, da war es noch möglich, dass man einen Elefanten auf sehr unbeholfene und dadurch grausame Art und Weise ums Leben brachte.

Es war auf einem Wiesenfest. Der Festzeltbetreiber, eine Kapazität, wenn es darum geht, einen ganzen Ochsen zu grillen, hatte etwas Zeit und erzählte mir aus seinem Leben. Einmal, so sagte er, habe er Elefantengulasch gekocht. Man habe den Elefanten im Schlachthof St. Marx erschossen. Beine, Schweif und Haut des Elefanten habe der Amtstierarzt eingezogen, aber das Fleisch habe man ihm überlassen, und das daraus entstandene Gulasch sei der Hit der Speisekarte in einem Gasthaus unweit des Schlachthofes gewesen. Kaum einer, der sich der exotischen Kost verweigert habe. Schade sei nur gewesen, dass der Tierarzt die Elefantenbeine eingezogen habe. Diese hätten, entsprechend präpariert, einen Schirmständer abgegeben. Auch einen Hocker oder ein Tischbein hätte man daraus machen können. So weit, so ... na ja.

Am Favoritener Reumannplatz, am Ende der Fußgängerzone, betreibt der Franz, ein ehemaliger Bezirksrat, einen Punschstand. Im Sommer probiert er verschiedene Rezepte, im Winter verkauft er die Endprodukte zugunsten karitativer Zwecke. Seine Produkte wurden bereits mehrfach ausgezeichnet, der Stand stets gut besucht. Was wohl auch daran liegt, dass der Franz seine Produkte nur knapp über dem Selbstkostenpreis verkauft.

Wie es halt so ist am Punschstand, redet man über Gott und die Welt. Der Schmäh rennt, der Punsch schmeckt und lässt das Hirn Kapriolen schlagen. Plötzlich erwähnt einer dem Franz gegenüber das Wort Elefantengulasch. Ich spitze die Ohren, spreche den Franz darauf an, und der wiederum meint, ich solle am nächsten Morgen in ein Kaffeehaus, wo er immer frühstückt, kommen. Die Geschichte, die er zu erzählen habe, sei gut.

Am nächsten Morgen eröffnet der Franz mit einem Geständnis: „Ich war einmal Berufsschlächter in St. Marx. Und wir haben immer unter der Devise gearbeitet: Du kannst dem Tier das Leben nicht schenken, aber einen schnellen Tod, den kannst du ihm schenken!"
Eines Tages, so erzählte Franz, trat man an den Schlachthof heran, ob es möglich sei, einen Elefanten zu töten. Ein in Wien gastierender Zirkus habe einen aggressiven Elefanten, der unberechenbar geworden sei und das Leben der Artisten sowie der Zuschauer gefährden würde. Das Tier müsse unverzüglich getötet werden. Die Schlächtergruppe unter Führung des Franz erklärte sich dazu bereit. „Die haben den Elefanten zusammen mit zwei anderen in den Schlachthof gebracht. Allein wäre der nie zu transportieren gewesen. Nur mit seiner Herde. Auf der Schlachtbrücke haben wir den Elefanten dann an die vorhandenen Ringe gefesselt. Eine Prozedur, die er noch ruhig über sich ergehen ließ. Aber wie die Zirkusleute dann die anderen beiden Elefanten weggeführt haben, ist er verrückt geworden. Der muss gespürt haben, was auf ihn zukommt. Er hat gezogen und versucht, sich loszureißen. Dabei hat er trompetet. Es war grauenhaft, wirklich, es war grauenhaft, und ich möchte so etwas nie mehr erleben! Wir haben einen Polizisten dabei gehabt. Der sollte mit einem Karabiner das Tier erschießen. Aber der erste Schuss hat nicht richtig getroffen. Jetzt hat das Viecherl noch mehr gerissen und noch lauter geschrien. Der Elefant hat genau gewusst, dass er sterben muss. Durch den Geruch des Blutes und die gesamte Atmosphäre muss er sich dessen bewusst geworden sein. Da bin ich mir hundertprozentig sicher!"
Der zweite Schuss traf dann und beendete das Drama. In der Folge kam es dann zum eingangs erwähnten Elefantengulasch. Der Festzeltbetreiber, damals ein Mitarbeiter vom Franz, übernahm die Herstellung. Natürlich hatte man auch den Franz, zum Verkosten eingeladen, aber der brachte keinen Bissen hinunter. Im Gegenteil. Aufgrund des blutigen Dramas geht ihm heute noch das Geimpfte auf, wenn er von Elefantenwilderern hört. „Aber Haut und Beine des Elefanten sind damals nicht beschlagnahmt worden. Das war nur ein Schmäh, weil zu viele daran interessiert waren. Selbstverständlich hat man alles präpariert, und so stehen die Beine in irgendwelchen Wiener Wohnungen herum. Als Schirmständer und als Lampensockel!"

Fritz

THE CAT

Am Abend des 23. September 1983 begab es sich, dass Alexandra Young, die Darstellerin der weißen Katze im Musical Cats, mit ihrem Ehemann von der Premiere nach Hause kam. Den Standing Ovations war eine ausgiebige Premierenfeier gefolgt, und so glaubten beide, einer Sinnestäuschung zu unterliegen, als sie im Morgengrauen nach Hause kamen. Der Zugang zu ihrer im vierten Stock gelegenen Mietwohnung war mit Girlanden geschmückt, aus Karton hatte man das Wort „Congratulations" herausgeschnitten und an die Wand geklebt. „Cats forever" verhieß ein anderer Schriftzug. Vom Gesamteindruck hätte man mit der Dekoration ein passables Gschnas ausstatten können.

Der Urheber der Farbenpracht wohnte im Erdgeschoss. Fritz, ein Elektroingenieur, der bereits alle Voraufführungen des Erfolgsmusicals besucht hatte und vom Klassik- und Opernfan zum Musicalfan konvertierte. Man sah ihn fortan am Bühneneingang, in den Logen, im Parkett und auf Stehplätzen. Er fotografierte, wo es erlaubt war, sammelte Erinnerungsstücke und kam irgendwie auch bei längst ausverkauften Vorstellungen immer noch zu einer Eintrittskarte. Bald gehörte Fritz zur großen Catsfamilie der Darsteller. Feierten diese Partys, Fritz war dabei. Gastierte einer vorübergehend im Ausland, Fritz winkte ihm von der ersten Reihe zu. Auf 157 Catsvorstellungen brachte es Fritz in Wien. Die Karten der Vorstellungen hat er sich in ein Heft zwecks Nachweis eingeklebt. Dazu unzählige Fotos und Autogramme. Als dann die Wunschkennzeichen aufkamen, war Fritz einer der Ersten, der sich eines besorgte. Seitdem ist sein Auto am Kennzeichen „Cats 1" zu erkennen. Aber Wien genügte dem Fan nicht. Er reiste nach New York, Amsterdam, London, Budapest und Paris. In erster Linie, um sich die dortigen Catsvorstellungen anzusehen, in zweiter Linie, um auch andere Produktionen zu besuchen. Auf insgesamt 2000 Vorstellungen kam Fritz insgesamt bis zum Zeitpunkt unseres Interviews. Um auf diese rekordverdächtige Zahl zu kommen, bedurfte es genauer Planung. „Wann fliege ich, wo übernachte ich, wie sichere ich mir die Tickets? Ich habe

Stadtpläne studiert, mir die Distanz zwischen den Theatern ausgerechnet, verglichen, ob ich im Taxi oder in der Metro schneller bin. In London habe ich es so auf sieben Musicals in vier Tagen gebracht!"
Sein Husarenstück lieferte Fritz anlässlich einer von ihm veranstalteten Party. In seiner Erdgeschosswohnung. Er lud das gesamte Wiener Catsensemble ein. Die meisten kamen auch, die, die nicht kamen, bereuten es bitter. Sie wären Zeugen einer der kreativsten Partys in Wien geworden. Fritz hatte sein Wohnzimmer zu einer Catsbühne umgebaut. „Vier Wochen habe ich die Müllhalden Wiens durchsucht. Nach Kühlschränken, Traktorreifen und anderen Kleinigkeiten, die mir in das Konzept passten. Ein Freund hat mir einen alten VW geschenkt. Mit einem Winkelschneider habe ich ihn bei der Windschutzscheibe abgeschnitten, damit ich ihn – ich wohne ja ebenerdig – durch das Fenster bekomme. An den Wohnzimmerwänden habe ich Baugitter montiert, damit ich diese auch schmücken kann. Um Mitternacht habe ich dann zwanzig schwarze Mäuse freigelassen. Da haben aber einige Tänzerinnen Angst bekommen – also habe ich sie wieder eingefangen. Nicht alle, aber die, die ich erwischen konnte. Einige konnten flüchten. Da ist der seltene Fall eingetreten, dass Mäuse durch Katzen die Freiheit bekommen haben!"
Biedere Charaktere könnten nun nachzurechnen beginnen, was Fritz an finanziellem Musicalaufwand hatte: An die 2000 Vorstellungen heißt ebenso viele Eintrittskarten, dazu die diversen Anreisekosten, und sei es nur die U-Bahn-Karte in das Theater an der Wien, gewichtiger sind da natürlich die diversen Auslandsreisen. Weiters kommen verschiedene Souvenirs dazu, Schallplattenaufnahmen sämtlicher Catsproduktionen weltweit, unter anderem auch aus Japan. Dazu im wahrsten Sinne des Wortes unzählbare Fotos und deren Entwicklungskosten. Ein Aufwand an Zeit und Geld, den seine Gattin Henny so kommentiert: „Es ist nicht einfach, mit ihm zu leben, aber ich habe gelernt, abzuschalten. Sonst würde ich es nicht aushalten!" Womit der Begriff „Engelsgeduld" eine neue Definition erfährt.

Jeannette

KUNSTPFEIFERIN

Jeannette wohnt im zweiten Wiener Bezirk. „Läuten Sie bei Schmidt an! Ich werde Ihnen dann öffnen!“ sagt sie am Telefon. Na, läute ich doch an für ein fröhliches „Schmidteinander“. Eine Diva unschätzbaren Alters öffnet. Blonde Haare, wogender Busen. Die sechzig hat sie, höflich formuliert, weit hinter sich. Als Erstes zeigt mir Jeannette ihre Wohnung. Viele Bücher, viele Fotos. Fotos, die Jeannette mit zum Teil schon verstorbenen Berühmtheiten zeigen. Erinnerungen an eine prachtvolle Vergangenheit. Eine Vergangenheit, die sie mir ins Mikrophon erzählen soll. Dass sie als Mann geboren wurde, interessiert mich nicht. Ein Bekannter Jeannettes hat es mir vor dem Interview geflüstert. Aber wir wollen ja nicht über medizinische Glanzleistungen sprechen, sondern über Jeannette, das ehemalige Revuegirl, das als Kunstpfeiferin weltweit Karriere machte. Eine Karriere, die in Teheran begann. Jeannette sollte als Showgirl vor dem Schah von Persien und dessen damaliger Gattin Soraya auftreten. Angesichts ihres Kostüms bekam der persische Zeremonienmeister Nervenflattern. „Um Allahs willen, kein Dekolleté. Arme und Busen müssen verdeckt bleiben!“ befahl er. Für Jeannette kam das einem Auftrittsverbot gleich, war doch ihr wogender Busen ihr Aushängeschild. Der Höhepunkt ihrer Show! Nicht einmal nackte Arme durfte Jeannette herzeigen. Was tun? Den Auftritt schmeißen? Unverrichteter Dinge wieder abreisen? Ohne Gage? Und dann die Nachrede?

Jeannettes Glück saß am Piano. „Was machst denn du da, Jeannette?“ begehrte der ältere Pianist zu wissen. Jeannette errötete sanft, erkannte sie im Klavierspieler doch den Hauspianisten des Moulin Rouge wieder. Man diskutierte das Fiasko rund um Jeannettes Dekolleté und fand schließlich eine Lösung. „Weißt was, pfeife ihnen einfach was!“ empfahl der Pianist. Flugs studierte man einige Musikstücke ein, Jeannette pfiff, was das Zeug hielt, der Schah und sein Hofstaat waren begeistert und ein neuer Star geboren. Paris, London, Monte Carlo und der Broadway folgten. Josephine Baker zählte zu den Bewunderern und Freunden Jeannettes, andere

Berühmtheiten gesellten sich dazu. In Kairo lernte Jeannette Omar Sharif kennen: „Mit dem habe ich aber nichts gehabt. Obwohl er so ein glutäugiger, äußerst hübscher Mann war. Ich habe zwar nie etwas anbrennen lassen, aber wenn das Gefühl nicht gestimmt hat, dann war nichts! Da bin ich immer seriös geblieben. Nur wenn ich wollte, ohne Liebe ist nichts gegangen!"

Eine Erfahrung, die auch Boxweltmeister Cassius Clay alias Muhammad Ali machen musste. Er hatte Jeannette in Beirut kennen gelernt. „Charmant war er, hübsch und gescheit. Einen durchtrainierten Körper! Wirklich ein attraktiver Mann!" Ähnlich muss auch Cassius Clay gedacht haben. Über Jeannette. Diese verließ Beirut, um in Nikosia auf Zypern ein Engagement anzutreten. Dort angekommen, klingelte es nächtens an Jeannettes Hotelzimmertüre. Der Größte aller Zeiten begehrte Einlass. „Wir haben uns dann sehr nett unterhalten. Blumen hat er mir mitgebracht, und man kann sich ja denken, was er von mir wollte." Hat er aber nicht bekommen. Technisches K. o. in der zweiten Runde für den Boxer. Behauptet Jeannette zumindest. Als Dame von Welt hat sie gelernt, über ihre Affären zu schweigen. Immer verbunden mit dem Hinweis, dass sie natürlich ... oh, là, là! ... schon mit dem einen oder anderen ... eine kleine Liaison, eine Affäre, ein Techtelmechtel gehabt habe. Aber keine Namen. Das sei Privatsache.

Ein kleines Geheimnis gibt mir Jeannette noch mit auf den Weg: „Vor jedem Auftritt darf ich zwei, drei Stunden nichts essen und nichts trinken. Vor allem aber: Nicht küssen!" Warum nicht küssen? – „Das regt die Nerven in den Lippen zu sehr an, dann treffe ich die richtigen Töne nicht!" Eine eigenproduzierte CD mit ihren größten Hits schiebt sie mir dann zu. „Ich muss aber fünfzehn Euro dafür verlangen, wissen Sie, die Zeiten sind nicht mehr so goldig, wie sie früher einmal waren! Und könnten Sie mir einen Mitschnitt von Ihrer Sendung zukommen lassen?"

Den Mitschnitt habe ich immer noch im Auto liegen. Erst kürzlich, als Jeannette das Goldene Ehrenzeichen für Verdienste um die Republik Österreich verliehen bekam, habe ich wieder daran gedacht, dass ich ihr die Sendungskopie endlich zukommen lassen sollte. Gratis – oder soll ich auch fünfzehn Euro verlangen?

Walter

UND SEIN SPEZIALFRÜHSTÜCK

Am Walter kommt keiner vorbei. Montag bis Samstag preist er beim Obststand Richard am Wiener Meiselmarkt Orangen, Äpfel, Bananen an. Was eben so Saison hat. Erstes Indiz, dass man in der Nähe Walters ist, ist seine Stimme. Rau von der zugigen Obsthalle, rau von unzähligen Zigaretten, rau vom Leben. Aber nicht zu überhören. Wenn Walters Stimme ertönt, denkt man unwillkürlich an den „Ruf wie Donnerhall“. Walter ist hörenswert. Steht man ihm gegenüber, kommt man nicht umhin, festzustellen, dass Walter auch sehenswert ist. Die Haare rot (echt oder gefärbt?), Goldketterln (wie viele sind es eigentlich?), einen Ohrring in Piratengröße und, nein – doch mehr Zähne als Ohren. Wenn auch nur knapp.
Obst ist Walters Lebenselixier. Früher, in den 60er Jahren, sei er noch mit dem Pferdewagen unterwegs gewesen. Zwei Pferde hätten den

Obstwagen gezogen, in den Außenbezirken Wiens. „Der Apfelmann ist da, frische Äpfel gibt's! Kommt's her zum Apfelmann!“ Ein gutes Geschäft sei es gewesen. Bis dann die Supermärkte aus dem Boden schossen wie die Schwammerln nach einem warmen Regenguss. Viel erlebt hat er damals, der Walter. Er erzählt es auch, aber nicht ins Mikrophon. Das sei nicht für die Öffentlichkeit bestimmt, dass die eine oder andere Ehefrau damals auf den Apfelmann gewartet hat. Und die Äpfel dann nur zur Tarnung kaufte.
Rundum gesund sei er, sagt der Walter. Das liege an seinem Spezialfrühstück. „Erst einmal drei Zigaretten, dann zwei frische Knoblauchzehen. Die muss man schön kauen. Durch den Knoblauch versulzt das Hirn nicht. Der fördert die Durchblutung. Ja, und dann trinke ich erst den Kaffee.“ Das stimmt ihn positiv, sagt der Walter. Er geht dann leichter in die Arbeit, ja, freut sich richtiggehend darauf. Vielleicht sollte man es einmal probieren, ohne die Zigaretten.
Wer Walters Foto genau beobachtet, wird sehen, dass sein Haar ergraut ist. „Die roten Haare habe ich mir gefärbt“, gesteht er. „Ich war jetzt beim Friseur und habe mir die Haare entfärben lassen. Den Ohrring trage ich zur Zeit nicht, weil mir das Loch eingerissen ist. Ich habe geblutet wie ein Schwein. Jetzt muss ich darauf verzichten, bis alles wieder verheilt ist. Außerdem habe ich jetzt eine Wohnung gefunden. Gleich hier beim Meiselmarkt. Das ist echt super. Übrigens, wenn du dein Buch hast, kommst wieder vorbei! Ich kaufe dir eines ab!“ Ich verspreche es Walter, er trinkt seinen Kaffee aus und macht sich auf seine tägliche Runde durch den Markt. „Das mache ich immer. Ich fange ja erst um 10 Uhr zu arbeiten an.“ Bis ich zum Zahlen komme, höre ich Walters Stimme schon: „A Obst hätt'n wir. Hier beim Richard. Frisches Obst. Orangen, Äpfel!“

Hans
IM GLÜCK

„Sag aber nicht, in welchem Lokal ich arbeite, sonst kann ich das Interview nicht geben“, bittet der Hans. Ich verweise ihn auf mein Redaktionsgeheimnis, wasserdicht wie das Beichtgeheimnis sei es. Er verweist auf die Finanz. Vor der hat er Angst. Könnte ja sein, dass das Glück seines Lebens steuerpflichtig ist. Wenn nicht für ihn, dann für den Besitzer des Bootes. Sicher ist sicher, meint der Hans. Wir einigen uns darauf, dass ich nicht sage, wo und in welchem Bezirk er serviert. Hans ist Kellner. Von Montag bis Freitag wird geschuftet. Gnadenlos. Hans nimmt einen Schluck Bier, wischt sich den Schaum vom Mund und sagt: „Wirklich, ich arbeite wie ein Viech. Nett musst immer sein zu den Gästen, egal, ob sie dir sympathisch sind oder nicht!“

Schiffskoch wäre der Hans gerne geworden. Die Welt sehen, in allen Häfen zu Hause! Oder noch lieber auf allen Meeren. Die endlose Weite hat es dem Hans angetan. Zum Schiffskoch hat es nicht gereicht, aber zum Segelschein und dann zum Küstenpatent. Und zu einigen Törns. Chartermäßig. Der Hans ist hochseefest!

Die Stammgäste des Beisels, in dem der Hans serviert, wissen von seinen Ambitionen. Entweder reden sie ernst mit ihm über Boote oder sie rollen ihn. Landratten eben. An einen Schmäh glaubte der Hans auch, als ihm ein Gast ein Angebot machte: „Wissen Sie“, murmelte der eines Tages geheimnisvoll, „ich habe ein Boot in Italien. Fünf Stunden Autofahrt von Wien. Ich habe nicht immer Zeit, dass ich mich darum kümmere. Aber wenn Sie sich regelmäßig um das Boot kümmern könnten, dürfen Sie auch Fahrten damit unternehmen. Der Treibstoff geht auf meine Rechnung. Ich verlange nur, dass sie es regelmäßig warten und putzen.“

Der Hans rechnete. Wenn er Freitag nach der Arbeit die fünf Stunden nach Italien fährt, kann er auf dem Boot übernachten. Samstag in der Früh inspiziert er es. Und dann hat er den ganzen Samstag und den Sonntag das Boot. Sonntag Abend oder Montag früh geht es dann wieder zurück nach Wien. „Gut“, sagt der Hans, „das Schinakel schau ich mir an!“

In Italien ist ihm dann das Herz stehen geblieben. Um den Grund zu erklären, zückt der Hans ein Foto. Abgegriffen ist es vom vielen Herzeigen. „Das ist es. Fünfzehn Meter lang, zwei Maschinen, drei Kabinen, Küche und Klimaanlage. Eine schwimmende Eigentumswohnung!“ Eine Radaranlage ist noch dabei und zwei Möglichkeiten, das Boot zu steuern. Einmal geschützt von der Kapitänsbrücke und einmal von ganz oben auf dem Dach des Bootes. Wo man den schönsten Blick hat. Auf dem Foto ist der Hans da oben zu sehen. Wie er das Schiff steuert, in der Badehose mit einer weißen Kapitänsmütze auf.

„Dem Schifferl fehlt nichts“, grinst der Hans. „Wenn ich in Italien bin, fahre ich entweder auf das Meer hinaus, nur so zum Spaß, oder ich fahre hinüber nach Portorož und dann nach Rovinj. Dort kenne ich ein paar Restaurants, gönne mir einen guten Fisch, ein Flascherl Wein und übernachte auf dem Boot. Das Gefühl, wenn du unter dem freien Sternenhimmel übernachtest, das kann man nicht schildern. Das muss man erlebt haben. Wenn sich das Boot sanft auf den Wellen wiegt, die Sonne untergeht, eine frische Brise aufzieht und dann die Sterne kommen. Und du weißt, wenn du willst, kannst du mit dem Boot überall hinfahren. Mit den fünfzehn Metern und den zwei Maschinen, die das Boot hat, ist es ozeanfest.“

Warum er so gerne nach Slowenien und Kroatien schippert, will ich wissen. „Das ist ganz einfach“, erklärt der Hans. „Es hat da einmal vor Jahren eine Fernsehserie gegeben: ‚Der Sonne entgegen‘. Die war von Aussteigern, die ein Schiff gehabt haben. Und da ist so ein Blader am Hafen gesessen und hat die Weinflasche zum Kühlen ins Wasser gehängt. Da habe ich mir gedacht: Das ist ein Traum, das mache ich auch.“

Aber damals hat der Hans nicht daran gedacht, dass er einmal über einen Kühlschrank verfügt. Auf einer Fünfzehnmeteryacht.

Wo viel Licht ist, ist aber auch Schatten. Beim Hans ist das nämlich so: „Weißt du, mein ‚Cheferl‘ (so nennt er seine Frau), die ist nicht so fürs Bootfahren. Die hat Angst vor der Seekrankheit und dass es auf dem Boot so eng ist. Jetzt will sie nicht mitkommen. Ich habe sie aber schon ganz gerne dabei. Jetzt bin ich dauernd am Überlegen, wie ich sie austricksen kann. Vielleicht, dass ich sie einmal mitnehme und das Boot im Hafen lasse. Damit sie sich an den schwankenden Boden gewöhnt. Ich könnte sie auch eifersüchtig machen, dass sie gewissermaßen zur Kontrolle mitkommt. Aber dann darf ich ja nicht auslaufen. Das möchte ich aber. Wie man es dreht und wendet, ist es verkehrt." So weit ich weiß, ist das „Cheferl" vom Hans noch immer nicht bereit, mit Hans auf hohe See zu gehen. Aber der nächste Sommer kommt bestimmt. Und was ein echter Wiener Kellner ist, dem wird auch das richtige Argument einfallen, um die eigene Gattin an das Seemannsleben zu gewöhnen.

Frankie

UND DIE UNBEKANNTE SCHÖNE

Samstags steht Frankie immer auf dem Flohmarkt. In der Nähe der Kettenbrückengasse auf dem Naschmarkt. Frankie macht das schon seit Jahren. Früher war er in der Gastronomie, aber das freut ihn nicht mehr. Er hat ganz gut verdient damals, aber irgendwann kommt der Moment im Leben eines Mannes, an dem ein Mann das tut, was er will. Bei Frankie war es die Liebe zu Antiquitäten, die er verkaufen wollte. Seitdem ist er auf dem Flohmarkt zu finden.
So auch an einem Samstag. Das Geschäft war nicht sonderlich gut gelaufen, und Frankie wollte eigentlich schon einpacken. Plötzlich stand ihm eine Touristin gegenüber. Blond, attraktiv, offensichtlich Französin. Grund genug für Frankie, seinen Stand noch nicht zu schließen. Ob sie sich seine Sachen noch anschauen dürfe, eröffnete die Französin das Gespräch auf Englisch. Sie durfte. Auf die paar Minuten kam es Frankie nicht an. „Allerdings nur", suchte Frankie seine Englischvokabeln zusammen, „wenn Sie mir einen Kaffee holen." Gleich ums Eck, zeigte er ihr, sei guter Kaffee zu haben. Sie solle nur sagen, es sei für Frankie. Man wisse dort Bescheid. Die Touristin tat, wie ihr geheißen wurde. Während Frankie genüsslich seinen Kaffee schlürfte, durchsuchte die Französin Frankies Angebot. Einige Trinkgläser aus französischem Schneeglas hatten es ihr angetan. Frankie nannte einen Preis. „Eh ganz billig. Aber ich habe mir gedacht, wenn sie mir schon einen Kaffee holt, komme ich ihr mit dem Preis entgegen." Ob es denn nicht um, sagen wir fünf Euro billiger ginge? Es ging. Was tut man nicht für einen guten Kaffee! Außerdem hatte die Dame einen gewissen Charme. O. k., Lady, I make special price for you! Frankie verpackte die Gläser, und die Touristin winkte einen Mann herbei, der sich dezent im Hintergrund gehalten hatte. Dem drückte sie das Packerl in die Hand. Frankie winkte seinen französischen Schneegläsern und seiner Kundin nach. Bye, bye. Thank you very much!
„Hearst", trat Frankies Standnachbar auf ihn zu. „I hob goar net gwusst, dass du so guat Französisch kannst!" Frankie winkte ab.

Sollte er seinen Nachbarn aufklären, dass man englisch gesprochen hatte? Sowieso egal. Außerdem wollte Frankie einpacken und nach Hause. Der Nachbar blieb stehen. Verwundert über Frankies Reaktion. „Sog, weißt du eigentlich, wen du da um einen Kaffee geschickt hast?" – „Nein, ist mir auch egal. Hauptsache, sie hat mir was abgekauft!" – „Das war die Catherine Deneuve! Die ist gerade für einen Film in Wien!" Zum Glück hatte Frankie nichts in der Hand. Er hätte es fallen lassen. So sehr er jetzt auch Nerven zeigte, seine Geistesgegenwärtigkeit hatte ihn nicht verlassen. „Madame, wait please!" eilte er der Schauspielerin nach und schenkte ihr ein historisches Bild des Naschmarktes. Diese revanchierte sich mit einem Autogramm. Für Frankie von Catherine Deneuve!
„Ein burgenländischer Freund", schließt Frankie seine Geschichte, „hat dann in einer Zeitung gelesen, dass ein Zimmermädchen eines der Gläser zerbrochen hat und die Deneuve ganz sauer war. Aber sie hat eh genug Gläser gehabt!"

Pierre

DER BEAU

Ob er nun wirklich Pierre heißt, wer weiß es? Sicher ist nur, dass man schon immer Pierre zu ihm gesagt hat und dass er sich sein Studium an der Kunstakademie als Bademeister im Kongressbad verdient hat. Pierre gibt sich gerne geheimnisvoll. Kaum jemand weiß, wo er wohnt, noch weniger kennen Pierres Alter. Pierre spricht ungern darüber. Sagt man, er sehe aus wie vierzig, freut er sich, rückt man ihn auf Mitte fünfzig, geht er auf Distanz. Pierre war Fotomodell und ist jetzt Modedesigner. Das hat er studiert.

„Wie ich Badewaschl im Kongressbad war, habe ich immer die Beckenaufsicht gehabt. Ich war hübscher als mein Kollege. Deswegen musste der im Hintergrund arbeiten. Der hat Karten gespielt mit den Gästen und ich habe unter den Mauserln im Schwimmbecken sondiert!“

Als Kunststudent bekam Pierre Kontakt zu Fotografen. Einer entdeckte ihn dann. Pierre wurde Fotomodell. Für Champagner, edle Uhren und Sonnenbrillen. Pierre sieht immer noch aus wie Alain Delon. Nur jünger. Pierre reiste: Dubai, Paris, London, Mailand. Exotische Inseln. Die Gagen waren gut. Pierre gefragt. Ein Leben in Saus und Braus.

Mit dem Geld, das Pierre verdiente, beendete er sein Studium und gründete eine kleine Strickerei. „Die Franzosen haben damals in ihren Modezeitschriften geschrieben, ich würde die schönsten Pullover der Welt machen!“ sagt Pierre und zückt zum Beweis ein Magazin. Stimmt tatsächlich. Pierres bunte Pullover lagen damals voll im Trend. Pierre wurde reich. „Ich bin auch, soweit ich weiß, der einzige Österreicher, der für Versace gearbeitet hat. Ich habe ihn gut gekannt, den Giovanni und die Donatella.“

Dann kam Pierres Geburtstag. Einer von wie vielen? „Tut nichts zur Sache“, winkt Pierre ab. „Aber ich habe am 11. September Geburtstag. Kein guter Tag für mich und New York.“ Jedenfalls feierte Pierre seinen Geburtstag mit einer Lokaltour. Ausgiebig, der Alkohol floss in Strömen die Gurgel hinunter. Auf dem Weg in ein anderes Lokal musste Pierre eine Straße überqueren. „Und das war es dann.

Ich höre ein Auto bremsen, es tut einen Schlag, ich hebe ab, fliege dreißig Meter durch die Luft, mache ein paar Salti und einen doppelten Rittberger. Dann bin ich auf der Straße gelegen, alles hat mir weh getan, die Leute haben geschrien, und irgendwann ist eine Rettung gekommen. Mit Blaulicht und Sirenen haben sie mich ins Krankenhaus gebracht." Ein wochenlanger Krankenhausaufenthalt folgte, danach kam Pierre in ein Rehabilitationszentrum. Ein gutes Jahr lang konnte Pierre seinen Geschäften nicht nachkom-

men. Es ging alles den Bach hinunter. Niemand wollte ihn als Fotomodell, die kleine Strickerei musste schließen. Pierre war nicht mehr in der Lage, die schönsten Pullover der Welt weiterzuentwickeln. Sie noch schöner, noch trendiger zu entwerfen. Der Krankenstand und die Ärzte kosteten Geld. Viel Geld. Eine gewisse Mitschuld am Unfall konnte Pierre nicht ableugnen. Er hatte schon etwas mehr als ein Damenspitzerl in der Krone, als er in das Auto hineinlief. „Kein Schwein hat sich um mich gekümmert! Wenn du einmal aus der Szene weg bist, fragt niemand nach dem Warum und Weshalb. Du bist nicht da, also kannst du keine Geschäfte machen."

Nach seiner Genesung versuchte Pierre, in der Modebranche wieder Fuß zu fassen. Eines seiner Kleider wurde in eine Wanderausstellung aufgenommen. Die besten der Branche waren dort vertreten. Und eben Pierre mit seiner Hommage an Dalí. Aus feinster Seide, bunt fließend! In Como nahm man eines seiner Kleider in einem Modemuseum auf. Pierre hatte sich der Haute Couture verschrieben. Um die fünftausend Euro verlangt er für ein Kleid. Von ihm entworfen, unter seiner Aufsicht angefertigt. Wenn er Geld braucht, geht es auch billiger!

In Mailand, Como und Paris kennt man Pierre noch gut. Nur Aufträge bekommt er keine von dort. Einmal siedelte sich Pierre für ein halbes Jahr in Como an. War eine schöne Zeit, er hat für Japan Entwürfe gemacht. Aber eigentlich möchte Pierre nach Paris. Eine eigene Modeschau auf die Beine stellen, mit seiner Kollektion die Welt verblüffen. Zeigen, dass er noch nicht zum alten Eisen gehört.

Erst muss er aber sein Buch fertigstellen. Pierre plant ein Fotobuch mit Porträts. In Schwarzweiß. Berühmtheiten und normale Leute. Maximilian Schell, Peter Ustinov, Bill Gates und viele andere hat er schon fotografiert. Auch seinen Stammwirten. Und zahlreiche Frauen. In von ihm entworfenen Kleidern oder auch ganz ohne. Pierre sieht ja immer noch gut aus. Frauen mögen ihn. Außerdem macht er täglich hundert Liegestütze, um fit zu bleiben und sich die Figur zu erhalten.

Thailand-Joe

Joe hielt sich mit seinen Riesenpranken an den Gitterstäben fest und versuchte, möglichst wenig durch die Nase zu atmen. Der Gestank, der aus den Latrineneimern kam, war fürchterlich. Die Leute, die ihn umgaben, rochen auch nicht viel besser. Irgendwann würde er sich daran gewöhnen müssen. Wie sonst sollte er sechs Monate in einem thailändischen Gefängnis überstehen? Die Luft stand still im Raum. Durch die wenigen Lüftungsschlitze drang kaum Licht geschweige denn Frischluft. Eine armselige 40-Watt-Birne erhellte den Raum, in dem Joes Gitterkäfig stand. Fünfundzwanzig Quadratmeter Grundfläche für den Käfig schätzte Joe. Fünfundzwanzig dreckige, stinkende, ekelerregende Quadratmeter, durch die sich die Körperausdünstungen schwadenförmig ausbreiteten. Vierundzwanzig Stunden stand Joe da. Regungslos. Nur seine Augen suchten nach einem Sitzplatz. Joe hätte sich gerne hingesetzt, in irgendein Eck verkrümelt, sich von der tropischen Hitze in Trance versetzen lassen, um so seiner Entlassung entgegenzudämmern. Der böse Traum musste doch irgendwann zu Ende gehen. Wenn die anderen es überlebten, musste er es auch überleben. Er mit seinen 110 Kilo, verteilt auf zwei Meter Körpergröße. Er, der Riese unter den 75 bis 100 kleinen Thais, mit denen er seine Zelle teilen musste.

„Du kannst nicht ewig so stehen bleiben“, sprach ihn ein Kambodschaner am nächsten Tag in gebrochenem Thai an. „Wenn du einen Sitzplatz haben möchtest, musst du dir einen erkämpfen. Du suchst dir einen Platz aus, gehst dorthin und stampfst dreimal mit dem Fuß auf! Das bedeutet, du willst mit dem, der dort sitzt, um seinen Platz kämpfen. Ehe der noch reagieren kann, schlägst du zu. So hart es nur geht. Schlag ihn so zusammen, dass ihm nicht mehr zu helfen ist. Dann schiebst du ihn zur Seite, und sein Platz gehört dir!“

Fünf Minuten später hatte Joe einen Platz.

„Das ganze halbe Jahr habe ich mich nicht ausstrecken können. Immer nur in der Hocke gesessen. Wenn sich im Schlaf einer auf die Seite gedreht hat, hat sich die ganze Reihe mitdrehen müssen. Glaub mir's – ich habe das ganze halbe Jahr kein einziges Mal meine Füße ausgestreckt.“

Dafür räkelt sich Joe jetzt auf seinem Wirtshaussessel. Genüsslich zieht er an seinem Bier und grinst mich an: „Einmal habe ich schon Dehnungsübungen machen dürfen. Und zwar ist das so gekommen: In Thailand ist es üblich, dass du zu einem Vorgesetzten oder Höherstehenden aufschaust. Du darfst nie auf ihn hinunterschauen, denn dann verliert der sein Gesicht. Jedenfalls kommt ein Gefängnisaufseher zu mir und spricht mich an. Ich habe nicht gewusst, dass ich ihm kniend hätte zuhören müssen. Also stehe ich mit meinen zwei Metern auf. Der mit seinen 1,60 oder 1,70 muss mich plötzlich von unten anschauen! Erst ist er rot geworden, dann weiß. Der ist vor Wut fast explodiert. Auf einmal beginnt er aufgeregt zu schreien. Ein paar Wächter sind auf mich losgestürzt und haben mich gefesselt. Dann haben sie mich außen am Gitterkäfig aufgehängt. So 30 Zentimeter über dem Boden. Ich hänge also mit meinem ganzen Gewicht am Gitter, und der Aufseher lässt sich einen Bambusstock bringen. Der wird in Wasser aufbewahrt, damit er schön geschmeidig bleibt. Verziert ist er mit bunten Bändern. Sie machen mir den Rücken frei, und dann höre ich es schon pfeifen. Beim ersten Schlag habe ich mir noch nichts gedacht, beim zweiten haben sich dann alle Schließmuskel geöffnet, und ich habe mich entleert. Viel war es nicht. Von dem brackigen Wasser hat man nicht viel trinken können, und die paar Löffel wurmiger Reis haben den Darm auch nie richtig gefüllt. Ich entleere mich also, schreie aber nicht! Sicher hat es weh getan, aber durchs Schreien wäre es auch nicht besser geworden. Na – kommt der dritte Schlag! Ich habe richtig gespürt, wie die Haut zerplatzt und das Blut über den Rücken fließt. Ich schrei wieder nicht. Auf einmal höre ich Applaus von den anderen Gefangenen. Die klatschen und johlen wie eine Horde Verrückter. Spinnen s' jetzt total, habe ich mich gefragt. Nachher haben sie mich aufgeklärt. Der Aufseher hat mich zu drei Stockhieben verurteilt. Dadurch, dass ich bei allen drei Schlägen nicht geschrien habe, hat der erneut sein Gesicht verloren. Das war natürlich ein Triumph für alle Gefangenen!"

Irgendwie hat Joe die sechs Monate überstanden, ein Hüftleiden, meint er, hätte er sich damals eingehandelt. Damals vor sechs Jahren. Eine Woche vor seiner Entlassung bekam Joe Besuch von einem Vertreter der österreichischen Botschaft. Dieser eröffnete dem mittlerweile von 110 Kilo auf 42 Kilo abgemagerten Joe, dass er Flug-

tickets für ihn habe und Joe sofort nach seiner Entlassung Thailand verlassen müsse. Seitdem ist Joe wieder in Wien. Da, wo alles begann.
„Ich war damals Taxler in Wien. Geschieden und irgendwie depressiv. Dauernd habe ich traurig aus der Wäsche geschaut. ‚Joe, du musst einmal richtig Urlaub machen!' haben sie mir bei meiner Stammtankstelle empfohlen. Flieg nach Thailand, dort wird es dir bestimmt gefallen. Ich bin am nächsten Tag in ein Reisebüro, hab denen gesagt, dass ich innerhalb von drei Tagen nach Thailand will. Wenn sie es nicht schaffen, dann sollen sie die Sache vergessen. Drei Tage später sitze ich im Flieger. In Bangkok gehe ich in ein Lokal. Irgendwo in einer Nebenstraße im zweiten Stock. Über zwanzig Mädchen und ich. Mir hat aber keine gefallen. Frage ich auf Englisch, ob ich einen Whisky haben kann. Ja, erklärt mir ein Mädchen, dazu muss ich an der großen Glocke an der Bar läuten. Ich läute, und alle freuen sich. An der Glocke läuten bedeutet eine Lokalrunde bestellen. Jeder bekommt ein Getränk und der Kellner will Geld von mir. Ziemlich viel. Ich fange mit ihm zu streiten an, sage ihm, dass ich nie eine Lokalrunde bestellen wollte und außerdem zu wenig Geld dabei hätte. Das meiste Geld habe ich nämlich routinemäßig im Socken versteckt gehabt. Der Kellner will nicht nachgeben, ich auch nicht. Also lege ich ihm den Gegenwert von tausend Schilling auf den Tisch und sage, das muss reichen. Mehr habe ich nicht! Drehe mich um und gehe. Im ersten Stock haben sie dann schon gewartet. Zu dritt, jeder ein Butterflymesser in der Hand. Die fuchteln mir damit vor der Nase herum, ich gebe dem ersten einen Fußtritt, haue den zweiten die Treppen hinunter und renn am dritten vorbei ins Freie. Hin zur nächsten Polizeidienststelle und wieder mit zwei vollbesetzten Autos zurück. Raus aus den Jeeps, hinauf in den zweiten Stock: Dort sind keine Mädchen, die Räume sind leer! Sogar die Möbel sind weg. Eine alte Frau ist dort gestanden. Nein, hier ist keine Bar, hier war keine Bar. Ich muss mich täuschen, sagt sie der Polizei. Was hätten wir machen sollen? Ich habe ja keine Beweise gehabt! Also sind wir wieder weg."
Nein, sein Thailandaufenthalt sei wirklich kein Erfolg gewesen, meint Joe. Überall hätte man versucht, an sein Geld zu kommen. Überall hätte er überhöhte Preise zahlen müssen. Einmal Thailand und nie wieder, war seine Bilanz nach der Heimkehr.
Sechs Monate später ...

„Joe, kommst mit nach Thailand? Du warst schon dort, kennst dich aus. Komm mit uns mit!" lockten Freunde. Joe ließ sich überreden. Mit einem Socken voll Geld ging es wieder ab in Richtung Sonne. In der Gruppe fühlte sich Joe wohler. So wohl, dass er sich in eine Thailänderin verliebte, diese umgehend heiratete und nach Österreich holte. „Das war Liebe auf den ersten Blick. Ich habe sie gesehen, und vorbei war es mit mir. In Österreich hat sie dann bemerkt, dass es nicht so toll war, wie man es sich in Thailand vorstellt. Als Taxler habe ich nicht das große Geld verdient. Sie hat niemanden zum Sprechen gehabt. Langweilig ist ihr geworden, und Heimweh hat sie auch bekommen. Also haben wir beschlossen, nach Thailand zurückzugehen. Ich habe sie in ein Flugzeug gesetzt und gesagt, dass ich nachkomme, sobald ich alles in Wien verkauft hätte. Das habe ich auch gemacht. Zusätzlich habe ich mir eine Kreditkarte von der Bank verschafft, mein Konto überzogen und meine Tickets mit der Kreditkarte bezahlt. Bei den Zwischenstopps habe ich auch noch fleißig mit der Kreditkarte eingekauft. Ich habe ja gewusst, dass ich nicht mehr zurückkomme. Also war mir die Reaktion der Bank vollkommen egal."
Wieder in Thailand, zeugte Joe eine Tochter und begann, sich die Sprache nach besten Kräften anzueignen. Bald schon verfügte er über einen großen Freundeskreis und begann Geschäfte zu machen. In Kambodscha und Malaysia konnte er Waffen einkaufen. Vornehmlich M-16-Maschinenpistolen und Colt 38 Special. Die Waffen verstaute er im Kofferraum seines Autos, fuhr zu einem kleinen Grenzübergang, drückte dem Zöllner ein Bakschisch im Gegenwert von sieben Euro in die Hand und reiste mit seiner Lieferung in Thailand ein. Die Geschäfte gingen gut, und Joe verbrachte seine Tage auf Schmuggelfahrten oder in diversen Bars. Beheimatet war er mit seiner kleinen Familie im Süden Thailands. Seine Frau, aus dem Norden stammend, beschloss eines Tages, ihre Familie zu besuchen. Joe wollte nicht mitkommen, versprach aber, in Bangkok auf sie zu warten. Dort erhoffte er sich neue Geschäfte und ein Wiedersehen mit alten Freunden. Gesagt, getan.
Eines Nachmittags, Joes Kumpel waren bereits vom Alkohol vernichtet und in alle Winde verstreut, suchte Joe eine Bar auf. Die Hitze flimmerte auf den Straßen, Joes Gehirn war vom Alkohol benebelt. Aber nicht genug umnebelt, um nicht den Thai verstehen

zu können, der neben ihm an der Bar stand und auf die Touristen schimpfte. Auf die Sextouristen und die vielen Mädchen, die nur allzu willig Moral und Körper für Bargeld opferten. Eine Ansicht, die Joe in seinem berauschten Zustand keineswegs nachvollziehen konnte. Er baute sich vor dem Thai auf und sprach in seinem besten Thailändisch: „Wenn du jetzt nicht aufhörst, schiebe ich dich aus dem Lokal. Aber nicht durch die Türe, sondern durch die Wand!" Der derart bedrohte Thailänder wollte Joes Versprechungen nicht tatenlos über sich ergehen lassen und zückte ein Springmesser. Joe, unbewaffnet, begann um sein Leben zu bangen, zumal sich der Thailänder im Umgang mit seinem Messer ziemlich meisterhaft zeigte. Joe griff also hinter sich, bekam eine Flasche zu fassen und zog diese dem Thai über den Kopf. Dieser ging zu Boden und blieb bewusstlos liegen. Die Aufforderungen der im Lokal beschäftigten Frauen, die Bar fluchtartig zu verlassen, ignorierte Joe. Schließlich hatte er sie nur verteidigt und war vom Thai angegriffen worden. Joe fühlte sich unschuldig, zumal der Thai das Messer zuerst gezückt hatte. Ein paar Minuten später stürmte ein Trupp Polizeibeamter die Bar und verhaftete Joe. Der Messerstecher entpuppte sich als einer ihrer Kollegen in Zivil. Joe bekam einen längeren Prozess in Aussicht gestellt oder, im Falle eines Geständnisses, sechs Monate Gefängnis. Ein Angebot, das er nicht ablehnen konnte.

Seit sechs Jahren lebt Joe nun wieder in Wien. Er bekommt eine Mindestpension, hat einen leichten Schlaganfall hinter sich und fühlt sich körperlich und gesundheitlich angeschlagen. Er möchte wieder nach Thailand zurück, weiß aber, dass er das Geld für den Flug nie zusammensparen kann. Dabei würde er so gerne seine Frau und seine Tochter wiedersehen. Die Tochter geht auf eine englische Schule. Alle zwei bis drei Wochen schreibt sie einen Brief an Joe. Sie würde Sehnsucht nach ihm haben, würde ihn gerne besuchen. Und sie würde sich für das Schulgeld bedanken, das Joe regelmäßig an ihre Schule überweist. Ganz hat Joe die Hoffnung, seine thailändische Familie wiederzusehen, nicht aufgegeben. „Ein Lottosechser würde helfen", meint er. „Aber bis ich den habe, muss ich weiterträumen. Vielleicht irgendwann ..."

Joe zuckt mit den Schultern und fragt mich, ob ich ihm noch ein zweites Bier zahlen kann. Was ich gerne mache.

Withold

JÖ, SCHAU ...

Withold ist Künstler. Man bemerkt es an seinem Blick, an den wallenden blonden Haaren und an jeder Geste. Vis-à-vis der Schmelz wohnt er in einem der obersten Geschosse eines großen Gebäudekomplexes. Rennt man einige Male auf der Suche nach dem richtigen Eingang den Häuserblock auf und ab, läutet bei ihm und findet sich dann im Labyrinth zwischen Aufzug und Wohnungseingang zurecht, öffnet er. Nicht mit einem „Hallo", „Guten Tag" oder was immer man erwartet, sondern mit einem die Ohren verblüffenden: „Willkommen im Sonnenzentrum!"

Den Gedanken, hier einer verborgenen Sekte auf die Spur zu kommen, verwirft man bald. Die Wohnung, loftartig angelegt, hat was von einem Sonnenzentrum. Durch ein riesiges Dachfenster dringt die Sonne und durchflutet die Räumlichkeiten. Mit unverhohlenem Stolz erklärt er die Aussicht: „Dort der Wienerberg, da der Kahlenberg und dort die kleinen Karpaten!" Und was so alles dazwischen liegt. Riesenrad, Donau und andere Zutaten, die Witholds Aussicht beneidenswert erscheinen lassen.

Eingerichtet hat sich Withold mit Industriemöbeln. Ein Ausdruck, den er erklären möchte. „Waschmaschinentrommeln aus Nirosta, Sägeblätter, alte Dachbohlen, Rotoren aus alten Maschinen." Alles von Withold gebraucht organisiert, geschliffen und gehobelt. Aufgeputzt ist alles mit Lichterketten in verschiedenen Farben, deren Licht sich wieder in den unzähligen Kristallen, die Withold an allen Ecken und Enden hängen hat, bricht. Diese Lichtbrechung zeichnet wieder Regenbögen an Decke und Wand der Wohnung. Topfpflanzen, deren Grün geschickt um die Einrichtung drapiert ist, verwandeln die Wohnung in einen angedeuteten Dschungel. Trotzdem wirkt die Wohnung nicht überladen.

Sie strömt einen Hauch von luftiger Leichtigkeit aus, lässt längst verdrängte Neidgefühle aufkommen. Genau so möchte man wohnen, wollte immer schon – wenn man die Idee rechtzeitig gehabt hätte. Und dann natürlich die Lage! Wer hat das schon heutzutage? Kurzum – Withold wohnt beneidenswert!

Withold schweißt, hämmert, nietet und schleift. Wird dann ein Tisch oder ein Sessel daraus, kommt Geld ins Haus. Kostbare Einzelstücke. Ab 2000 Euro ist man im Geschäft.
Withold malt auch. So ist er der Schöpfer des größten im Freien befindlichen Ölgemäldes von Wien. Shiwa heißt es, ist in der Neubaugasse zu bewundern und verfügt über eine beachtliche Länge von sechs Metern bei einer Höhe von einen Meter und zwanzig Zentimetern. „Ich habe zumindest bis jetzt von keinem Bild gehört, das größer ist", relativiert Withold sicherheitshalber. So weit, so gut. Wir haben Withold nun als kreativen Künstler kennen gelernt. Damit und vor allem davon kann er ganz gut leben. Aber Withold hat noch mehr von seinem Schöpfer mitbekommen. Withold sieht beneidenswert gut aus. Schlank und durchtrainiert, große, fast mandelförmige Augen mit seidigen Wimpern, hohe Backenknochen, die seine slawische Herkunft bezeugen, und weich fallendes, blondes Haar, das sein Gesicht umrahmt. So könnte sich Oscar Wilde seinen Dorian Gray vorgestellt haben. Leonardo di Caprio würde zur mangelhaften Raubkopie Witholds verkommen, und so manche in sich gefestigte Frau würde alles, was sie im Leben an Moral und Anstand gelernt hat, kurzfristig für Withold über den Haufen werfen. Ja sogar Witholds Briefträger könnte Herzerln in den Augen bekommen, wenn er ihm einen Einschreibebrief überbringt.
Wie auch immer. Eines Tages fiel das Auge einer Fotografin voller Wohlgefallen auf Withold. Wie wäre es, fragte sie sich, wenn man Withold fotografieren würde? Am Naschmarkt, am Stephansplatz, am Graben? An Plätzen, die jeder Wiener kennt! Eigentlich nichts Besonderes. Jeder Tourist kann das machen. Also musste etwas Besonderes her: Ob er sich zutrauen würde, nackt zu posieren, begehrte sie von Withold zu wissen. An eben besagten und durchaus populären Plätzen. Naschmarkt, Karlsplatz, vor dem Stephansdom? Withold dachte kurz nach, wiegte sein Haupt, zog die Luft durch die Nüstern und ... nickte! Als einmalige Sache wolle er das durchziehen. Man wurde handelseins und einigte sich auf ein Datum. Die Nacht davor konnte Withold nicht gut schlafen. Kreislaufbeschwerden stellten sich ein, nervöse Schauer durchrieselten seinen Körper. Soll er es wirklich machen? Steht's dafür? Der Morgen graute, und Witholds Beschwerden wurden stärker. Er hat's trotzdem gemacht. Rein in ein Auto, hingefahren, raus aus der Klei-

dung und hinein ins Getümmel. Ihm zur Seite die Fotografin. Klick, klick, und weiter ging es zum nächsten Schauplatz. Die Reaktion der Passanten war geteilt. Frauen pfiffen hinter Withold her, die meisten lachten. Aus Verlegenheit, Scham, Überraschung und Verwunderung ob des Anblickes. Man rief nach der Polizei. Die kam auch. Immer zu spät. Withold hatte seinen Kurzauftritt stets schon beendet und war unterwegs zum nächsten Motiv. War dort Polizei zu sehen, hieß es abwarten, bis die Ordnungshüter verschwunden waren. Für Withold, in eine Decke gehüllt, um seine Blöße zu verdecken, der reinste Spießrutenlauf. Nie mehr, schwor er sich, während die Fotografien unbeirrt die schönsten Plätze Wiens aufsuchte. „Im Stadtpark war es am schlimmsten", erinnert sich Withold. „Da war ein älterer Mann, der sich furchtbar aufgeregt hat. Er hat mich angeschrien, was ich denn hier machen würde. Dann hat er versucht, die Passanten gegen mich aufzuhetzen. Sie sollen mich einfangen, bis die Polizei kommt. Außerdem sei es eine Schweinerei angesichts der vielen Babys, die da von ihren Müttern im Kinderwagen durch den Park geschoben würden. Wer würde denn diese armen Säuglinge in Schutz nehmen gegen diesen nackten Wüstling im geheiligten Stadtpark?"

Withold grinst süffisant. „Aber eines hat mich schon gewundert, nämlich dass er mit keinem Wort die Mütter erwähnt hat. Na ja, trotzdem: Es war eine einmalige Sache, und ein zweites Mal wird es nicht geben. Ich habe wirklich alle möglichen Zustände bekommen, damals."

Auf ein, eigentlich zwingendes Motiv angesprochen, nämlich das legendäre Kaffeehaus Hawelka, zuckt Withold mit den Schultern: „Da war ich nicht, weil das schon gewesen ist." Aber doch nur in Georg Danzers Lied, Withold ...

Christl

UND DER GURKENDIEB

Am Eck Brunnengasse/Thaliastraße herrscht die Christl über die verschiedensten Sorten Paradeiser, Erdäpfel, Gurken und was es sonst noch an frischem Gemüse gibt. Seit vierzig Jahren steht sie dort. Schwitzt im Sommer, friert im Winter. „Und trotzdem, ich könnte mir nicht vorstellen, in einem Geschäft zu arbeiten. Leicht ist es nicht! In der Früh um 3 Uhr geht es los, da muss man die Ware einkaufen fahren, um 6 Uhr wird das Standl aufgemacht, und gegen 19 Uhr geht es dann wieder nach Hause. Aber es ist einfach was anderes hier am Markt, man hat seine Stammkunden hier am Brunnenmarkt, kann mit ihnen reden, tauscht Neuigkeiten aus und lebt richtig mit, mit den Kunden. Wenn jemand heiratet, wenn jemand stirbt. Man teilt Freude und Leid. Bitteschön – und ich rede ja gerne mit den Kunden. Oft fragt mich jemand nach einem Rezept, kann er natürlich haben. Oder es gibt auf einmal einen Aufruhr. Da rennt die Polizei durch den Markt, und man erfährt so nach und nach, dass jemand eine Handtasche gestohlen hat. Aber bitte, die meisten hier am Brunnenmarkt sind ehrliche Leute. Bei mir am Stand ist es so, dass die Leute sich einfach das Gemüse nehmen und dann sagen: Zehn Paprika habe ich und fünf Karotten. Ich glaube es den Leuten, da schau ich nicht in die Taschen hinein und zähle nach. Ein bisserl ein Vertrauen muss man schon zur eigenen Kundschaft haben. Ich bin eben ein Vertrauensmensch. Nur einmal – da hat mir einer eine Gurke gestohlen. Ich hätte es selber gar nicht bemerkt, aber eine Kundin hat mich darauf aufmerksam gemacht. Hat der einfach die Gurk'n in seine Tasche gesteckt und geht weiter. Na, die Kundin sagt mir das, ich schrei: Stehen bleibst! Der rennt weg, ich hinter ihm her. Bei den vielen Leuten am Markt ist er nicht schnell genug weggekommen. Erwisch ich ihn und sag: Die Gurk'n zahlst. Zehn Schilling her! Der zückt sein Geldbörsl, ich seh', das ist ihm selber alles peinlich. Aber in meiner Wut war mir das egal. Die zehn Schilling gibst mir und die Gurk'n auch! Gibt mir der das Geld und die Gurk'n, entschuldigt sich und geht weiter. Erst nachher habe ich mir gedacht: Hoppla, der hat doch die Gurke bezahlt, die gehört jetzt ihm. Aber da war er schon weg!" Der Gurkendieb kam auch nie mehr zurück, aber die Christl hat ein paar Tage was zu erzählen gehabt. Ist ja wirklich auch eine Frechheit. Steckt der die Gurke einfach ein und ... na wirklich. Also so was!

So ein großer Markt wie der Wiener Brunnenmarkt hat natürlich auch seine Originale. An zwei Stammgäste des Brunnenmarktes erinnert sich die Christl besonders. An den Franzi und den Schani. Zu Lebzeiten, beide sind inzwischen gestorben, waren sie täglich am Brunnenmarkt anzutreffen. Der Schani eher klein und dick geraten, der Franzi groß und schlank. Der Franzi, ein ehemaliger Kellner, sprach ganz gerne dem Alkohol zu. Hatte er zuviel erwischt, entledigte er sich seiner Kleidung und spazierte nackt, wie Gott ihn schuf, über den Markt. Selbiges erregte Aufsehen, und es dauerte nicht lange, bis eine Funkstreife erschien. „Wo ist er, der Nackerte?" begehrte man amtlicherseits zu wissen. Der Franzi hatte sich dank seiner Routine und Ortskenntnisse in einem Hausflur versteckt, um so jeglichen behördlichen Nachforschungen zu entgehen. Der halbe Brunnenmarkt wusste zwar, wo er sich versteckt hielt, aber verraten hat ihn keiner. „Damals hat es noch einen Zusammenhalt gegeben", sagt die Christl. „Aber das war eine andere Zeit!"

Um seinen kleinen Freund Schani zu ärgern, ließ sich der Franzi einmal etwas Besonderes einfallen. Er schrieb groß über ein Haustor: Der Schani ist eine Sau! Selbiger reagierte äußerst böse und versuchte in seiner Wut, den Schriftzug zu löschen. Allein, er war um die entscheidenden Zentimeter zu kurz geraten. Selbst der Versuch, mittels einer Obstkiste, auf die der Schani stieg, den Schriftzug abzuwischen, scheiterte. Irgendwann tauchte unter dem Gelächter der Brunnenmarktler der Franzi auf, beugte sich zu seinem kleinen Freund hinunter und sprach: „Ist schon gut, ich habe es nicht so gemeint!" Wischte die Injurien von der Wand und ging mit dem Schani auf ein Achterl.

Hans

DER COWBOY VON SIMMERING

So richtig schön hat er es im Sommer. Wenn in Simmering die Sonne untergeht, sitzt der Hans vor seinem Reihenhaus, schenkt sich einen Spritzer ein und träumt seinen amerikanischen Traum: „Einmal mit dem Pferd von Kalifornien nach New York reiten. So mit Lagerfeuer am Abend, Gitarre spielen und Countrylieder singen. Das wäre es. Aber leider gibt es für mein Gewicht nicht das passende Pferd. Mir fehlen auch die nötigen Dollars für dieses Abenteuer. Sicher – ein Lebenstraum ist es schon. Aber das ist ja das Schöne am Träumen: Es passiert genau so, wie du es wünscht. In der Realität gibt es das nicht." Frühpensioniert hat man den Hans. Das gibt ihm Zeit, sich seinem Hobby zu widmen. Der Musik. Ein kleines Aufnahmestudio hat er sich im Keller eingerichtet, und dort ist auch sein Lied vom Cowboy in Simmering entstanden. Er erzählt da von einem, der mangels Mustang mit dem Fahrrad durch Simmering fährt. Da wird die Simmeringer Haide zur Prärie und der Hans selber zum Sheriff. Das ist, was er gelernt hat. Hans war bei der Polizei. Kripobeamter. Darüber möchte er aber nicht reden. Kieberer sei er gewesen. Rund um die Uhr. Bis zu seiner Frühpensionierung. „Aber die Höflichkeit und die Vernunft

gebieten mir, darüber keine Auskunft zu geben!“ lehnt er jeglichen Kommentar ab. Irgendwas muss da passiert sein, sagt einem der Reporterinstinkt, aber der Hans erweist sich da als Steher. Da erzählt er schon lieber, wie er quasi als Zivilist einen Autovandalen festgenommen hat: „Gegen zwei in der Früh wache ich auf, weil ich dauernd ein Geräusch gehört habe. Wie wenn einer eine Autotüre zuschlägt. Immer wieder. Bumm, bumm. Um die Zeit und so oft? Na, schau ich zum Fenster hinaus und seh ein weißes Hemd auf und ab hüpfen. Das kann nicht sein, sage ich mir und schleich im Pyjama durch den Garten. Sehe ich einen, der auf einem Autodach herumhüpft. Ich zum Telefon, 133 gewählt, und schon kommt eine Funkstreife. Wir nehmen den Schaden auf. Eine Reihe von Autos: Die Scheibenwischer abgebrochen, Windschutzscheiben eingetreten, Kotflügel beschädigt. Mit Taschenlampen haben wir dann die Gärten durchsucht und richtig, finden wir einen im weißen Hemd. Der streitet natürlich alles ab. Jetzt – was tun? Ich überlege und schau, sehe ich auf einem Auto einen wunderschönen Fußabdruck. Ziag dir die Schuhe aus, sage ich zum Verdächtigen. Ich nehme den Schuh, halt ihn zum Abdruck hin. Passt! Bitte, als Kieberer weiß man so etwas doch!“

Ehe er zur Kripo versetzt wurde, ging Hans im neunten Bezirk auf Streife. „Und nach einem anstrengenden Nachtdienst höre ich über das Funkgerät: Attentat auf die OPEC. Wir mit Blaulicht und Sirene hin! Ich war als einer der Ersten dort. Wir haben nur erfahren, dass geschossen wurde. Ich habe die Kollegen eingeteilt. Wo sie sich positionieren sollen und wie sie den Verkehr umleiten sollen.“ – „Na, Moment, Hans: Im Sinne des Gesetzes solltest du auch die Mitbürger schützen! Dich gewissermaßen für Recht und Ordnung opfern?“

Hans schüttelt sein bezopftes, graues Haupt. „Wie soll ich den andere beschützen, wenn ich erschossen auf der Straße liege? Ich teile also die Streifenwagen ein, kommt nach einer halben Stunde ein Offizier vorbei und fragt nach dem Wagenkommandanten. Sage ich ihm: Ich bin das. Na, der hat geschaut! Der hat nicht verstehen wollen, dass ein kleiner Streifenbeamter das so perfekt organisieren kann.“

Ob seiner tadellosen Organisation bekam Hans in der Folge für seinen OPEC-Einsatz eine Belobigung. Und einen warmen Händedruck? „Nein, nein“, grinst Hans, „also da muss ich sagen, hat sich die Behörde angemessen revanchiert!“ In welcher Form, will der Hans nicht verraten. Das sei Amtsgeheimnis.

Alexander

UND DIE TAXIFAHRT NACH SCHWEDEN

Einem mit allen Wassern gewaschenen Wiener Taxler wäre das nicht passiert. Der hätte eine Vorauszahlung verlangt oder zumindest irgendwelche Sicherheiten. Nicht so der Alexander, der meistens am Südbahnhof auf seine Kunden wartet. Alexander kommt aus der Woiwodina, der Kornkammer des ehemaligen Jugoslawiens. Er ist der typische Repräsentant dieser Gegend. Einfach, offen und ehrlich wie die Woiwodina selber. In der Woiwodina hilft man seinen Nachbarn und Freunden, ist gastfreundlich zu Fremden. Nimmt sich Zeit für jeden, der es will, um sich dessen Sorgen und Freuden anzuhören. Eine Grundeinstellung, die jedem zur Ehre gereicht, nicht aber die optimale Voraussetzung ist, um in einer Großstadt Karriere zu machen. Da geht es doch anders zu als auf dem Land, wo sich fast jeder kennt. Wien ist da keine Ausnahme und bietet ein buntes Angebot an Kleinbetrügern und Schlawinern. Wer auf so einen trifft und an das Gute im Menschen glaubt, der hat schon verloren. „Ist mir zum Beispiel passiert, dass einer kommt und sagt. Fahren wir nach Floridsdorf. Sag ich, ist gut, fahren wir. Sagt der mir die Adresse, ich fahre hin. Jetzt sind wir in der Nähe der Adresse, und ich muss bei einer Ampel anhalten, weil rot ist. Macht der Fahrgast die Türe auf, springt aus dem Auto und läuft mir davon. Na, was soll ich machen? Kann ich nicht mein Auto an der Kreuzung stehen lassen und dem Fahrgast nachlaufen. Muss ich weiterfahren, wenn grün kommt. Ist mir nicht einmal passiert – ist mir schon viel oft so geschehen. Kann man nichts machen, Leben ist so."
Alexander hat einen Freund. Stefan. Der kommt aus Ungarn und ist ebenfalls Taxler. Stefan ist meistens am Westbahnhof zu finden. Stefan aus Ungarn und Alexander aus der Woiwodina sind wie Zwillingsbrüder. Der eine kann sich blind auf den anderen verlassen. Egal, was passiert. Man berät gemeinsam große Geschäfte für die Zukunft, bringt eigene Erfahrungen ein und sitzt oft stundenlang zusammen, um über das Leben nachzudenken. An guten Tagen nimmt Alexander um die 120 Euro brutto ein, bei Stefan ist es ähnlich. Damit kann man keine großen Sprünge machen. Was am

Ende des Jahres übrig bleibt, wird in der Heimat investiert. Da, wo das Geld noch etwas mehr wert ist. Alles in der Hoffnung, sich irgendwann etwas Luxus gönnen zu dürfen. Im Alter dann! Bis dahin wird geschuftet und gespart, jeder Cent doppelt umgedreht. An einem lauen Sommerabend, die Geschäfte gingen wieder einmal zögernd bis schlecht, wartete Alexander an seinem Stammplatz am Südbahnhof auf Kunden. Ein Kollege näherte sich seinem Taxi und fragte: „Hörst, da ist eine alte Frau, die will nach Schweden gefahren werden. Hast du Lust, die Fuhre zu übernehmen?" Alexander besah sich die Dame. Eine alte Frau mit einem abgeschabten Koffer und einigen Plastiksackerln. Den Tränen nahe. Sie sei schon bei der Polizei gewesen, dort könne man ihr nicht helfen. Sie komme aus Bosnien und müsse nach Schweden. Dort würde man sie erwarten. Warum sie kein Flugzeug nehmen würde, wollte Alexander wissen. Sie habe nur den Gegenwert von fünfzig Euro in Schwedenkronen dabei. Das würde nicht ausreichen, außerdem sei sie noch nie in einem Flugzeug gesessen. Diese Erfahrung wolle sie sich auch für den Rest ihres vermutlich nur noch kurzen Lebens ersparen. Alexander versprach der alten Dame, über ihr Problem nachzudenken, und ging zurück zu seinem Taxi. Dort wartete bereits ein Fahrgast. Während Alexander ihn zum gewünschten Fahrziel brachte, überlegte er, wie der alten Dame zu helfen sei. Irgendwas an ihr erinnerte ihn an seine eigene Mutter. Was wäre, wenn seine Mutter in so einer Situation sei und niemand würde ihr helfen? Allein gelassen an einem Bahnhof, tausende Kilometer von der Heimat entfernt. Kaum einer, der ihre Sprache spricht. Dieser Frau musste geholfen werden. Nur wie? „Muss ma eine Lösung finden! Kann man die Frau nicht allein lassen", sagte sich Alexander, nachdem er wieder am Südbahnhof ankam. Dort musste er die Frau erst suchen. Sie hatte inzwischen ihren Sitzplatz gewechselt. Rolltreppen rauf, Stiegen hinunter, dann fand Alexander die Bosnierin wieder. Sie hatte sich mit ihrem Gepäck in eine Ecke gekauert und war noch trauriger als zuvor. Ein Kollege von Alexander, erzählte sie ihm, habe sie mitgenommen. Er sei um ein paar Blocks gefahren, bis die 500 Schwedenkronen verbraucht waren, und habe sie dann wieder zum Bahnhof zurückgefahren. Nun habe sie überhaupt kein Bargeld mehr. Alexander musste jetzt noch stärker an seine Mutter denken. Ob die alte Frau willens sei, in Schweden die Rechnung zu begleichen? Was

es denn kosten würde? Alexander kalkulierte und kam auf 2500 Euro. Ja, atmete die Dame auf, das sei nicht das Problem. In Schweden habe man genug Geld, außerdem sei dort die Familie, der Bruder, die Schwester, die Kinder. 2500 Euro, also wirklich. Das ginge selbstverständlich.
Allein wollte Alexander die weite Fahrt nicht unternehmen. Folglich rief er Stefan an. Der hatte auch das bessere Auto, und nachdem Alexander für die Strecke doch an die dreieinhalbtausend Kilometer errechnet hatte, musste man ein gutes Auto haben und einen zweiten Fahrer. Wahre Freundschaft darf bekanntlich nicht wanken, und so zögerte Stefan keine Sekunde. Ich ziehe mich nur um, hole mir Ersatzkleidung und etwas Proviant. In einer Stunde treffen wir uns, ließ er Alexander wissen. Dieser überbrachte der alten Frau die frohe Botschaft. Man würde sie nach Schweden bringen. Erst ging es nach Berlin, dann nach Rostock und dann mit der Fähre nach Schweden. Angesichts der Fährkosten, der benötigten Verpflegung, die Fahrt von Wien nach Schweden dauerte insgesamt 31 Stunden, musste Alexander erkennen dass der vereinbarte Fuhrlohn von 2500 Euro mit Sicherheit keinen Gewinn bringen würde. Schließlich galt es auch, die alte Dame zu verköstigen. Für die Männer würden ja Bananen und trockene Semmeln mit Milch reichen, aber eine alte Frau sollte doch nahrhaftere Speisen bekommen. Diese zeigte sich dafür durchaus dankbar, wünschte beiden ein langes, gesundes Leben und viel Glück. Richtig erfreut zeigte sie sich, als ihr Alexander anbot, per Handy mit dem Rest der schwedischen Familie Kontakt aufzunehmen. Ein kleiner Hintergedanke Alexanders war natürlich dabei. Die Familie sollte wissen, dass man am nächsten Morgen gegen drei Uhr früh ankommen würde und 2500 Euro bereithalten solle. Man würde sich freuen, die Oma endlich wieder zurückzubekommen, alles andere werde geregelt, tönte es aus Schweden zurück. Hoffnungsfroh ging die Fahrt weiter. Leichte Enttäuschung machte sich breit, wenn Alexanders Blicke suchend über die schwedische Landschaft glitten. Einen Eisbären hätte er sich zumindest erwartet, der auf der Suche nach Nahrung die Wälder durchstreift. Und wenn schon keinen Eisbären, dann zumindest ein paar Pinguine. Offensichtlich hatte Beifahrer Stefan auch mangelnde Kenntnisse in Biologie und Geographie, zumal ein Zusammentreffen von Pinguinen und Eisbären bestenfalls in einem Tiergarten

möglich wäre. Ansonsten liegen doch wenn nicht schon Welten, so zumindest „die Welt“ zwischen der Heimat beider Tierarten. Die Enttäuschung wurde größer, als man die schwedische Heimatstadt der Bosnierin erreichte. Norrköping unweit von Stockholm. Die alte Dame konnte teils aus Erregung, wieder zu Hause zu sein, teils aus Müdigkeit ihre Wohnadresse nicht finden. Also galt es sich durchzufragen. Der schwedischen Sprache nicht mächtig, um drei Uhr früh die Straßen leer. Ein Tankwart konnte aushelfen, und man landete schließlich bei einer Reihe von Siedlungsblockhäusern. Freudig sprang die Bosnierin aus dem Auto, nahm ihre Gepäckstücke aus dem Auto und wollte Alexander die Hand schütteln. Der wollte was anderes: Geld sehen.

Hinein ins Haus. Dort wartete eine Gruppe von acht Personen, um schnatternd über Oma herzufallen. Alexander wartete ab, bis Küsserei und Umarmungen seltener wurden, und erwähnte die 2500 Euro, die da ausständig seien. Staunende Blicke. Wieso? Hat die Großmutter nicht bezahlt? So leid es jedem der Anwesenden auch tun würde, aber man verfüge über kein Geld und Bargeld schon gar nicht. Alexander müsse unverrichteter Dinge wieder nach Wien zurückfahren.

Damit war Alexanders woiwodisches Gemüt überstrapaziert. Hungrig und müde, sah er sich ausgenutzt. Geprellt! Hier konnte nur noch die Polizei helfen. Man möge selbige sofort anrufen und herbeordern. Ein junger Mann griff zum Handy und sprach auf Schwedisch hinein. „Aber habe ich gleich gemerkt, dass hat er gar nicht richtig telefoniert. Hat der nur so getan!“ empört sich Alexander. Der Morgen graute, und auf der Straße führten einige Nachbarn ihre Hunde äußerln. Unter ihnen fand sich ein hilfsbereiter Mann, der sich bereit erklärte, die Polizei zu informieren. Diese kam dann auch, zeigte sich aber machtlos. Man könne den Fall zwar protokollieren, aber die Oma zwingen, den Fuhrlohn zu bezahlen, das könne man nicht. Nur ein Gericht könne das entscheiden. Endloses Bitten, Flehen und Drohen folgte. Ein Dolmetscher wurde hinzugezogen. Oma habe die Fahrt bestellt, Oma müsse auch bezahlen! Wie kämen die Verwandten dazu, für Oma zu zahlen? Dummerweise verfüge Oma aber über kein Geld. Die Situation sei wohl aussichtslos. Alexander machte sich also daran, Stefan, der die Szene wegen mangelnder Sprachkenntnisse teilnahmslos verfolgt hatte, aufzuklären.

Außer Spesen nichts gewesen. Man sei um 2500 Euro ärmer, dafür aber um eine Erfahrung reicher. Traurig bestieg man das Taxi und fuhr wieder nach Wien zurück.
„Ich weiß nicht, wie es weitergeht. Polizei hat gesagt, da muss man eine Gerichtsverhandlung in Schweden machen. Muss ich einen Anwalt nehmen. Das kostet noch mehr. Oder muss ich noch einmal nach Schweden fahren. Ist auch zu teuer. Aber frage ich mich. Wie kann man so etwas machen? Zu einem Landsmann, der einem helfen wollte? Ist nicht richtig so etwas. Hat die Frau viel mit meinem Handy telefoniert, muss ich auch noch bezahlen. Weiß ich nicht, wie viel, aber kommt das noch dazu zu die 2500 Euro. Dann sind wir gefahren mit dem Auto von Stefan seine Chef. Der wird Geld von uns verlangen dafür. Na, war ein Riesenblödsinn, was wir gemacht haben. Aber trotzdem. Glaube ich, ich würde das noch einmal machen." Stefan nickt bestätigend zu Alexanders Bilanz. Mit seinem ungarischen Akzent fügt er hinzu: „Aber nur eines ich täte nicht mehr machen! Bananen essen. Ich hasse Bananen seit Schweden. Habe ich doch vier Tage nur von Bananen und Wasser gelebt. Kann ich nix mehr anschauen Banane!"
Ein paar Tage nach dem Interview habe ich Alexander am Taxistandplatz vor dem Funkhaus angetroffen. „Weißt du", strahlt er, „würde ich gerne einmal in Schweden Urlaub machen. So drei Monate vielleicht. Ist ein wunderschönes Land!"

EIN NIE GESENDETES

Interview

Hätte ich nur ein Mikrophon dabei gehabt. Aber wer rennt denn auch immer mit Mikro und Aufnahmegerät durch die Gegend? Einmal muss Schluss sein mit lustig, einmal möchte man privat sein. Ich habe also kein Mikrophon dabei gehabt und kein Aufnahmegerät. War vielleicht ganz gut so. Sonst hätte er mir seine Geschichte möglicherweise gar nicht erzählt. So war es nur ein Wirtshausgespräch. Unverbindlich, zum Zeitvertreib.

Der Mann war um die vierzig. Gut aussehend, nicht unbedingt sportlich, passable Figur, gut gekleidet. Er trank guten Whisky und rauchte viel. Zu viel. Jedes Mal, wenn er an der Zigarette zog, bekam er einen nachdenklichen Gesichtsausdruck. Nachdenklich streifte er die Asche von der Zigarette, und nachdenklich betrachtete er die Glut seines Glimmstengels. Der denkt zu viel – dachte ich mir. Es ging um das Thema Nummer eins: Frauen.

„Glaubst du, dass es eine Freundschaft zwischen Mann und Frau geben kann? Einfach Freundschaft, ganz ohne Hintergedanken? Du lernst jemand kennen und, sagen wir, du verliebst dich dann in sie. Weißt aber, dass du keine Chancen bei ihr hast."

„Nein", sage ich. „Freud hat doch schon gesagt, dass sich eine Beziehung zwischen Mann und Frau immer auf der Sexualität aufbaut."

– „Mag sein, ich weiß es nicht – aber ich kenne eine Frau, der ich freundschaftlich verbunden bin. Seit Jahren." Er nippt am Whisky. „Für mich die schönste, begehrenswerteste, interessanteste Frau, die ich je kennen gelernt habe. Wenn ich sie sehe, bringt sie die Harfe meines Herzens zum Klingen. Das klingt vielleicht kitschig, aber es ist so. Mir wird anders, ich fühle mich leichter in ihrer Nähe, unbeschwerter. Ich kann mit ihr über alles reden. Ich kann ihr die Wahrheit sagen, muss nicht lügen, nichts schönerreden."

„Freut mich für dich", kontere ich trocken. „Wo liegt das Problem? Lade sie ein, gehe mit ihr essen, ins Kino oder Theater. Fahre mit ihr nach Venedig oder sonst wohin. Irgendwann wird sich Freuds Theorie vom sexuellen Hintergrund schon bestätigen. Jede Burg

ist zu erstürmen, es kommt nur darauf an, wie lange man sie belagert."
„Geht nicht", sagt er, „sie ist verheiratet. Außerdem bin ich mir nicht sicher, ob ich das will. Es gehören auch zwei dazu, und ich bin mir nicht sicher, ob sie so etwas mitmachen würde. Sicher bin ich mir jedenfalls in meinem Wunsch, sie so oft wie möglich zu sehen, mit ihr zu sprechen. Wenn es so etwas wie einen Lebensmenschen gibt, dann ist sie das. Vielleicht, wenn ich sie früher kennen gelernt hätte. Aber dem ist nun mal nicht so."
„Liebst du sie?" – „Ich denke, sehr sogar. So wie der junge Werther von Goethe seine Lotte."
„Wie behandelt sie dich? Wie reagiert sie auf dich? Lässt sich von ihrem Verhalten etwas ableiten?" Ich möchte analysieren. Stelle mir seine begehrenswerteste, schönste und interessanteste Frau vor. Wenn schon, möchte ich Nägel mit Köpfen machen. Es ist schon spät. Für Sentimentalitäten fehlt mir die Kraft.
„Einmal hat sie mir eine Suppe gekocht. Ich habe sie nicht gegessen. Habe ihr erzählt, dass ich keinen Hunger hätte. Dabei hat mir der Magen geknurrt. Ich wollte nur nicht essen, weil mir die Zeit zu schade war. Beim Essen kann man nicht reden, und ich wollte mit ihr reden, sie anschauen. In diese wunderschönen blaugrünen Augen schauen. Einmal hat sie geweint, und ich habe ihr mit dem Daumen die Tränen weggewischt. Da hat sie sich an meine Schultern gelehnt. Wenn ich ihr Komplimente mache, sagt sie, dass ihr das gefällt. Sie hat auch einmal gesagt: Was wäre, wenn ich dich das machen ließe, was du willst?"
„Und was hast du ihr geantwortet?" – „Dass ich dann den Erschöpfungstod sterben würde. Sie hat gelacht."
„Trefft ihr euch oft?" – „So ein-, zweimal im Monat. Zu wenig jedenfalls. Für mich! Aber sie ist sehr beschäftigt." Ich nehme mir eine Zigarette von ihm. „Weißt du, ich glaube, dass du da leere Kilometer machst. Sie macht dir mit Sicherheit, so weit ich das verstanden habe, keine Hoffnungen. Vielleicht ist eine gewisse Sympathie vorhanden, aber nicht mehr", sage ich in den blauen Dunst hinein. „Probiere es einmal, geh aufs Ganze. Wenn es nichts wird, lasse die Finger von ihr. Es gibt genug Frauen auf der Welt."
Jetzt beginnt er sich zu winden. „Das schaffe ich nicht. Wegen ihr würde ich zu rauchen aufhören. Wegen ihr lasse ich mir die Finger

maniküren. Wegen ihr würde ich alles tun. Vielleicht sogar jemand umbringen. Wenn sie es verlangt. Außerdem – kann man nicht jemand lieben, ohne eine Gegenleistung zu verlangen? Sie kann ja nichts dafür, dass ich sie ins Herz geschlossen habe!"
Die Zeit drängt. Eigentlich will ich den Seelenstriptease nicht hören. „Glaub mir, du bist da in einer Sackgasse gelandet. Jede dritte Ehe wird geschieden, in jeder zweiten betrügt einer den anderen mindestens einmal. Vielleicht macht sie es auch, nur nicht mit dir!"
Das tut ihm weh. Er beißt sich in die Lippen. Es rumort in ihm. „Ich glaube das nicht. Dazu kenne ich sie zu gut. Ich kenne jeden Tonfall an ihr. Ich weiß, wie sie in den verschiedensten Situationen reagiert. Ich habe sie auswendig gelernt."
Ich will gehen. Er bestellt einen Whisky für mich. Ich bleibe noch. „Hast du eine feste Freundin oder eine Frau?" frage ich ihn. „Ja, aber bei der ist alles anders. Das kann man nicht vergleichen." – „Du betrügst sie aber, geistig zumindest, und wenn du könntest auch körperlich. Ich sage dir, vergiss die andere. Das wird nichts."
„Kann ein Fisch ohne Wasser leben? Eine Almwiese ohne Blumen sein? Ich brauche diese Frau, ihre Nähe, ihre Stimme. Ich denke jeden Tag an sie. Ihre Bekanntschaft ist das Beste, was mir im Leben passiert ist. Sie könnte mir den allerschönsten Moment meines Lebens schenken. Wenn sie es will." Er erzählt mir dann noch von seinen Glücksgefühlen, wenn er sie freundschaftlich umarmen, ihr die Wangen küssen darf. Wenn sie ihm sagt, dass sie natürlich an ihn gedacht hätte, aber keine Zeit gehabt hätte, ihn anzurufen. Und dass jeder Telefonanruf damit endet, dass man sich ein Treffen ausmacht. Ich gebe auf, wünsche ihm viel Glück. Vielleicht wird es doch noch. Dass er verknallt ist, steht außer Zweifel. Ich möchte ihm noch sagen, dass er die Frau als Madonna sieht. Unberührbar auf einem Podest. Er solle wenigstens versuchen, sie vom Podest zu holen, ihr den Glorienschein wegzunehmen. Sie muss ja auch etwas für ihn fühlen, wenn sie sich schon so lange treffen. Weniger denken, einfach ausprobieren. Machen. Aber ich will nicht mehr. Er würde es ja doch nicht tun. Wenn nur einer liebt, steht er auf der Verliererseite. Sich allzu offen zu deklarieren, nimmt die Spannung. Ich hätte die Frau gerne kennen gelernt. Wie ist eine Frau, die einen erwachsenen Mann zum verliebten Teenager macht?
Er sagt, ich würde sie kennen. Sie stünde in der Öffentlichkeit, sei

bekannt. Namen nennt er keinen. Er möchte nicht, dass sie ins Gerede kommt. Ich sei ja doch Journalist. Nach dem dritten Whisky gehe ich. Er bleibt noch. Denkt bestimmt an sie und wie schön es wäre, wenn sie jetzt an seiner Seite sitzen würde.
Drei Monate später bekomme ich eine Ansichtskarte aus Venedig. „Ich habe es gemacht. Sie ist mit mir nach Venedig gefahren. Erlebe gerade die schönsten Tage meines Lebens. Und Nächte!! Die Realität hat die Phantasie übertroffen."
Die Karte landet im Papierkorb. Ich weiß nicht, wer sie mir geschickt hat. Kann sie nicht zuordnen. Wer von meinen Bekannten ist gerade in Venedig? Keiner, soweit ich weiß. Erst später fällt mir der Whiskymann ein, der die Zigaretten so nachdenklich rauchte. Und mir von einer Frau erzählte, in die er unsterblich verliebt sei.